LES TRAGÉDIES MARITIMES

ÉDITIONS DU TRÉCARRÉ

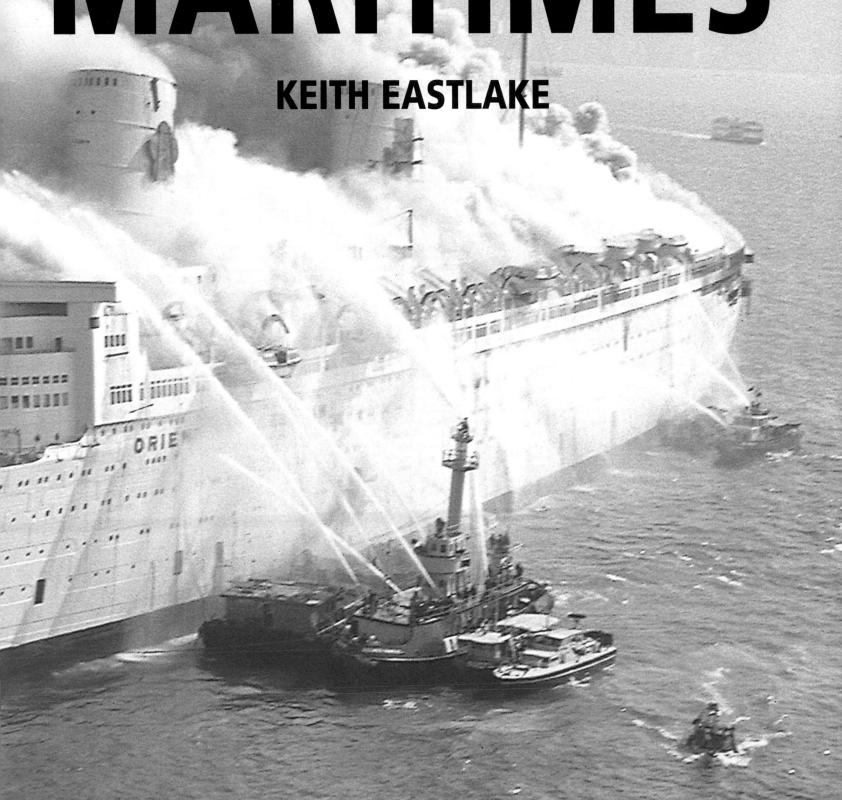

LES TRAGÉDIES MARITIMES

KEITH EASTLAKE

Données de catalogage avant publication (Canada)

Easthlake, Keith

Les tragédies maritimes

(Les grandes tragédies du XXe siècle)
Traduction de : Sea disasters.
Comprend un index.

1. Catastrophes maritimes - Histoire - 20e siècle. 2. Catastrophes - Histoires - 20e siècle. I. Titre. II. Collection.

ISBN 2-89249-890-2

VK199.E2714 1999   363.12'3'0904   C99-941181-0

L'édition originale a été publiée en 1998 par Greenwich Editions
10 Blenheim Court, Brewery Road, London N7 9NT

© Éditions du Trécarré 1999

ISBN : 2-89249-890-2

Imprimé au Dubaï

Dépôt légal 1999
Bibliothèque nationale du Québec

Éditrice : Shona Grimbly
Conception : Wilson Design Associates
Recherche de photos : Wendy Verren
Production: Alex MacKenzie
Traduction : Martin Balthazar
Courverture : Cyclone Design Communications

Nous reconnaissons l'aide financière du gouvernement du Canada par l'entremise du Programme d'aide à l'édition (PADIÉ) pour nos activités d'éditions

Éditions du Trécarré
Outremont (Québec) Canada

Page 1 : *Le paquebot grec* Lakonia *prit feu dans l'océan Atlantique, à 300 km environ au nord de l'île de Madère, le 22 décembre 1963.*

Pages 2-3 : *Le magnifique* Queen Elizabeth, *qui avait appartenu à la compagnie de navigation Cunard Line, avait été rebaptisé le* Seawise University. *Un incendie le ravagea le 9 janvier 1972 alors qu'il se trouvait dans le port de Hong Kong.*

Ci-dessous, à droite : *Le traversier* Herald of Free Enterprise, *qui a chaviré juste à l'extérieur du port de Zeebrugge. Le navire fut renversé lorsque l'eau se mit à l'inonder par sa porte avant restée ouverte. Deux cents personnes sont mortes dans cette tragédie.*

TABLE DES MATIÈRES

INTRODUCTION

Ci-dessous : Le paquebot Morro Castle *fut détruit par le feu le 8 septembre 1934, au large du New Jersey. Des curieux, ici, sont venus regarder le vaisseau ruiné à Asbury Park, dans le New Jersey.*

De tout temps, les êtres humains se sont aventurés sur les mers à la recherche de nouveaux territoires ou d'autres groupes humains avec qui échanger. Naviguant sur des coquilles de noix ou sur les vaisseaux puissants et sophistiqués d'aujourd'hui, ils se sont toujours montrés déterminés à conquérir les océans. Ces aventures ont conduit parfois à des exploits sans pareil, mais aussi à de terribles catastrophes. Ce livre se veut une introduction aux catastrophes qui ont eu lieu en mer au cours des 100 dernières années.

Les océans couvrent 70 % de la surface du globe. Ils constituent des sources vitales de nourriture, de minéraux et de carburants, mais ils sont aussi des barrières naturelles qui séparent les humains de territoires éloignés auxquels ils ont parfois besoin d'accéder. Christophe Colomb, qui partit vers l'est à la fin du XVe siècle, cherchait à découvrir de nouvelles voies commerciales. D'autres marins, voulant étendre les frontières de leur territoire, partaient à la conquête de terres nouvelles. D'autres encore étaient motivés simplement par le désir de repousser les limites du monde connu.

À droite : Le *paquebot français* L'Atlantique *en feu et à la dérive le 4 janvier 1933, après que le navire eut été abandonné.*

Ci-dessus : Le *traversier* Herald of Free Enterprise *chavira en mars 1987 lorsqu'il partit du port de Zeebrugge avec l'une de ses portes de proue encore ouverte, ce qui entraîna l'inondation du pont des voitures.*

Les aventuriers des premiers temps partaient sur l'eau dans des embarcations primitives ou des canots creusés dans des troncs d'arbre — des embarcations qui semblent aujourd'hui fragiles et impropres à la navigation, mais qui permettaient néanmoins de parcourir des distances étonnantes. Les marins des générations suivantes, notamment les Perses, les Grecs, les Romains et les Vikings, possédaient des bateaux agiles et solidement bâtis se déplaçant au moyen de voiles ou de rames et qui étaient tout à fait capables d'affronter les océans.

Mais les grandes périodes d'exploration commencèrent vraiment aux XVe et XVIe siècles, avec des explorateurs comme Christophe Colomb, Vasco de Gama et Ferdinand Magellan, qui ouvrirent de nouvelles voies commerciales et qui atteignirent les Amériques et les Indes. Leurs voyages historiques entraînèrent une multitude de conquêtes et d'entreprises de colonisation.

Ces nouvelles colonies commencèrent à entretenir des relations entre elles, et, ce qui est plus important, avec leurs métropoles en Europe. Ceci signifiait que de plus en plus de bateaux sillonnaient les mers. La route du « commerce triangulaire » était sans doute l'une des routes commerciales les plus fréquentées de cette époque. Des produits étaient envoyés d'Europe en Afrique. De là, des esclaves étaient acheminés vers les Antilles ou les ports du sud et de l'est de l'Amérique du Nord afin d'y être vendus comme main-d'œuvre pour travailler dans les plantations de canne à sucre et de coton. Les navires emportaient alors des cargaisons de rhum, de sucre et de mélasse vers les marchés européens.

Les impératifs du commerce prolongèrent graduellement ces routes jusqu'à ce qu'elles encerclent le globe. Et avant l'avènement, vers le milieu du XXe siècle, d'avions pouvant parcourir de grandes distances, tout mouvement de personnes ou de marchandises traversant les mers devait se faire par bateau. Ainsi, comme le commerce international se développait, les océans

étaient encombrés de plus en plus de paquebots et de cargos de tous genres. Les navires, pendant ce temps, devenaient plus rapides, tandis que l'âge de la voile cédait à celui de la vapeur et que le fer remplaçait le bois. Les navires devinrent aussi de plus en plus gros, au fur et à mesure de l'évolution des technologies navales. La *Santa Maria*, la caravelle sur laquelle Colomb, en 1492, se rendit en Amérique, était un bateau de 100 tonnes. En comparaison, l'*Exxon Valdez*, qui s'est échoué en 1989, avait un poids à vide de 211 000 tonnes.

Ce que tout cela signifie, c'est que la grosseur et le nombre croissant des bateaux augmentent les probabilités de collisions et d'autres catastrophes maritimes. La *Santa Maria* se fracassa sur un récif de corail la veille du jour de Noël 1492 ; presque 500 ans plus tard, en 1989, l'*Exxon Valdez* échoua dans un chenal alors qu'il s'acheminait vers les eaux ouvertes de l'Alaska. Ces deux tragédies montrent que les progrès de la navigation et ses avantages sont parfois fort coûteux en termes de vies humaines, de marchandises perdues et de pollution occasionnée.

L'histoire des naufrages est aussi ancienne que celle de la navigation elle-même. L'histoire de l'Antiquité est truffée de récits de catastrophes maritimes. En 255 av.

J.-C. par exemple, une terrible tempête sur la Méditerranée engouffra 264 des 384 navires romains qui revenaient d'une expédition militaire contre les Carthaginois. Cent mille soldats et marins romains furent tués. Des tragédies semblables ont continué de se produire à toutes les époques. Aujourd'hui encore, bien que les navires soient plus solides et mieux équipés, et bien que les capitaines et leurs équipages soient le plus souvent hautement qualifiés, les risques d'accident demeurent.

Ce livre examine plus de 50 catastrophes qui se sont produites dans les 100 dernières années. Une en particulier, celle du *Titanic*, continue de hanter nos imaginations. Le *Titanic* était un palais flottant censé représenter le parachèvement des techniques et des technologies navales de son époque. L'orgueilleuse présomption voulant que le *Titanic* soit un paquebot insubmersible apparut bien vaine quand le navire géant heurta un iceberg au cours de son voyage transatlantique inaugural. Il coula, emportant 1500 passagers et membres d'équipage.

On dénombre presque autant de causes de naufrages qu'il y a de naufrages. La négligence de certains individus, les insuffisances du matériel de navigation

Ci-dessus :
Des corps sont ramenés sur terre après la tragédie du General Slocum, *dans laquelle un navire à aubes prit feu sur l'East River, à New York.*

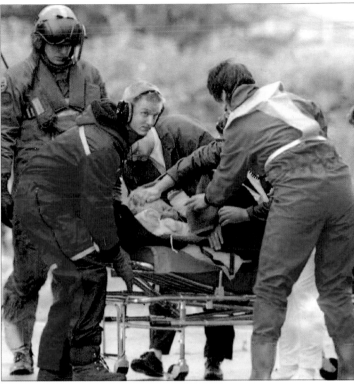

Ci-dessus : Un des premiers rescapés du traversier Estonia, *qui sombra dans la mer Baltique en septembre 1994, est emporté d'un hélicoptère par les secouristes finlandais.*

Ci-dessus : Le grand voilier à quatre mâts allemand Pamir servait de vaisseau-école pour les cadets quand il coula, prisonnier d'un ouragan, entraînant tous ceux qui étaient à bord dans la mort.

ainsi que l'inestimable puissance de la nature font en sorte que la navigation demeure une entreprise périlleuse pour quiconque s'y adonne, que ce soit à des fins commerciales, de transport ou même de vacances. Les bateaux coulent à la suite d'incendies, de collisions, d'erreurs humaines, d'explosions, de défauts mécaniques et de mauvaises conditions météorologiques. Et plus d'un naufrage est attribuable à une combinaison de ces facteurs.

Il faut dire que plusieurs des causes de catastrophes maritimes sont inévitables. Une tempête soudaine peut submerger un navire, une explosion massive à l'intérieur d'un bateau peut le déchirer en quelques secondes et un récif caché peut ouvrir une coque

instantanément. Toutefois, la plupart des bateaux dont il sera question dans ce livre ont coulé ou ont été accidentés à la suite d'une erreur commise par un capitaine ou un membre d'équipage.

Certaines erreurs sont compréhensibles. Un équipage ne peut pas être vigilant en permanence. Dans bien des cas, par contre, le capitaine ou des membres d'équipage ont été soit directement responsables d'un naufrage, soit incapables de réagir, en cas d'urgence, devant les difficultés éprouvées. Dans certains cas, ils ignoraient les mesures de sécurité à adopter ou les avertissements à donner aux passagers. Certains ne savaient pas non plus envoyer au moment opportun un message de détresse. Dans d'autres cas, l'équipage fit preuve de lâcheté en abandonnant un navire en péril sans avoir au préalable assuré la sécurité des passagers.

Fort heureusement les cas du genre sont rares, et s'il est un des aspects des catastrophes en mer qu'il faut retenir, c'est, dans la plupart des cas, le courage et le professionnalisme des marins. Les comportements héroïques ont largement compensé les cas de couardise.

Il existe sans aucun doute une confrérie tacite des professionnels de la mer. Dans un milieu où le temps est réellement synonyme d'argent et où les retards sont souvent très coûteux (peu importe qu'il s'agisse du

transport de personnes ou de marchandises), rares sont les cas où un navire ayant reçu un signal de détresse n'a pas répondu à l'urgence. Il existe aujourd'hui des organismes voués au secourisme en mer, tels la US Coast Guard (garde côtière américaine) ou la Royal National Lifeboat Association, en Grande-Bretagne, mais ils ne sont pas toujours en mesure d'intervenir aussi rapidement qu'il le faudrait. Ainsi, ce sont souvent les navires présents dans le voisinage qui portent les premiers secours à un bateau en péril. Et dans ce genre de circonstances, plus d'un secouriste s'est montré fort courageux.

Ainsi l'histoire de la navigation moderne est ponctuée de moments tragiques, nous rappelant que nous sommes bien loin de tout connaître sur les dangers que recèle la profondeur de la mer. Mais nous continuons à accorder notre confiance aux navires qui sillonnent les océans. Cette confiance est d'habitude bien fondée, mais elle peut parfois être ébranlée, comme le démontrent les histoires relatées ici. Le

À gauche : *C'est le début des grands travaux de nettoyage après le renversement de pétrole de l'Exxon Valdez dans un rayon estimé à 1300 km².*

Ci-dessous : *Le pétrolier géant Exxon Valdez qui s'est échoué sur le récif Bligh dans le golfe d'Alaska.*

naufrage d'un navire, particulièrement quand il entraîne la perte de vies humaines, est encore un événement qui fait les manchettes. Et si les naufrages retiennent autant l'attention, c'est probablement que nous avons du mal à comprendre que ces témoins géants de notre raffinement technologique puissent encore se briser sous les forces de la nature. Mais il ne faut pas mésestimer les dangers de la mer. Si la vigilance des marins permet d'éviter certaines catastrophes, il y en a d'autres, provoquées par les tempêtes, les grands vents, la glace et le brouillard, que les êtres humains ne sont pas encore à même de contrôler.

COLLISIONS

Bien que la surface des océans paraisse plate, le relief des fonds marins est aussi varié que celui de la terre. La surface peut cacher de profonds corridors de récifs dangereux et de hauts-fonds. Les bateaux s'en tiennent donc aux routes bien définies qui ont été tracées en eaux sûres. Comme la plupart des biens lourds sont acheminés par mer et que des bateaux transportent encore des passagers sur de courtes et de longues distances, il y a chaque jour sur les mers des centaines de navires qui accomplissent leurs tâches. Certaines régions des océans sont par conséquent soit encombrées, soit truffées de dangers cachés.

Les accidents décrits dans ce chapitre montrent que la technologie ne protège pas les navires contre des collisions avec d'autres navires ou avec des objets tels des icebergs. La tragédie du *Titanic*, survenue en 1912, demeure sans doute la plus fameuse collision de l'histoire, mais elle ne fut pas la plus coûteuse en perte de vies. Le malheureux record appartient plutôt au traversier inconnu *Dona Paz*, qui coula après être entré en collision avec un pétrolier dans les mers entourant les Philippines en 1987. Le nombre des morts, passagers et membres d'équipage compris, est estimé à 2000, mais la liste complète des disparus ne fut jamais compilée.

La plupart des collisions relatées ici concernent deux bateaux, mais il y a aussi des cas de navires qui ont heurté des récifs, des icebergs et même des objets servant à protéger un port. Plusieurs accidents ont eu lieu la nuit ou dans des conditions météorologiques difficiles, ce qui prouve qu'une vigilance ininterrompue est probablement la seule façon sûre d'éviter les collisions. Toutefois, comme les humains et les dispositifs de sécurité sont loin d'être infaillibles, il est peu probable que le danger de collision soit à jamais complètement éradiqué.

À droite : Le puissant paquebot Titanic *— supposé insubmersible — coula avec 1500 personnes après avoir heurté un iceberg dans l'Atlantique Nord lors de son voyage inaugural.*

LE *PRINCESS ALICE,* SUR LA TAMISE

LE 3 SEPTEMBRE 1878

Comme le montra le naufrage du *Princess Alice,* les catastrophes maritimes ne sont pas confinées à la haute mer. Ce navire de 251 tonnes naviguait placidement sur la Tamise, à Londres, lorsque l'accident survint. Les passagers se rendaient à Gravesend pour profiter de l'une des dernières journées de l'été. Mais pour plusieurs d'entre eux, cette journée de septembre allait être la dernière de leur vie.

Le *Princess Alice,* un navire appartenant à la London Steamship Company, entra en collision avec un charbonnier, le *Bywell Castle.* La collision et les 640 morts qu'elle entraîna bouleversa la nation. Dans un compte rendu, on avait affirmé que c'était l'une des plus épouvantables catastrophes des temps modernes, un drame qui n'eut jamais son égal sur la Tamise, en tout cas. Le compte rendu ajoutait : « sur 100 mètres, le fleuve est encombré de personnes qui se noient, poussant des cris d'angoisse et priant pour qu'on vienne les secourir ». Il y avait plusieurs familles à bord du *Princess Alice,* et beaucoup d'enfants sont morts dans la tragédie.

Le *Princess Alice* venait de quitter son lieu d'amarrage à Londres et il avait atteint un point situé à environ 1,5 km sous Greenwich. Les occupants étaient loin de se douter de ce qui allait se passer ensuite. Le charbonnier de 1376 tonnes défonça subitement le bateau à vapeur, qui fut gravement troué et coula rapidement.

Le pilote du navire, le capitaine Grinstead, fut parmi les victimes. Quand le bilan fut établi, on ne releva que 200 survivants.

Ci-dessous :

Lorsque le charbonnier Bywell Castle passa au travers du bateau de plaisance Princess Alice, *un grand nombre de personnes furent tuées instantanément. D'autres se noyèrent dans la rivière avant l'arrivée des secours.*

LE *TITANIC*, DANS L'ATLANTIQUE

LE 15 AVRIL 1912

Le naufrage du *Titanic* fut bien sûr une catastrophe majeure, mais il est aussi devenu un événement d'une grande portée symbolique. Le navire géant de 46 000 tonnes avait été construit à une époque où les nations tablaient sur le prestige international que leur apportaient ces merveilles de la technologie qu'étaient les grands paquebots de luxe. En plus de générer des profits considérables, les paquebots devenaient des symboles de la prospérité et du statut international d'un pays.

Ci-dessous :
Au moment où il fut inauguré, en 1911, le Titanic *représentait le dernier cri en matière de paquebots luxueux. On le croyait aussi insubmersible.*

Le *Titanic* est né lorsque le directeur de la White Star Line, J. Bruce Ismay, entreprit de construire trois vaisseaux qui surpasseraient en grandeur et en luxe tout ce qui flottait à ce moment-là dans le monde. Le premier navire, l'*Olympic*, fut inauguré en 1909 et il rendit des services exemplaires. Le troisième, le *Britanic*, vécut la Première Guerre mondiale jusqu'à ce qu'il soit coulé par une mine en Méditerranée. Quant au second vaisseau de cette famille, le *Titanic*, il était destiné à devenir le plus célèbre navire de tous les temps.

Les trois vaisseaux avaient été conçus pour transporter quelque 2500 passagers en trois classes et environ 1000 membres d'équipage. Ils étaient équipés de dispositifs de sécurité à la fine pointe de la technologie.

Le *Titanic* fut inauguré en 1911 à grand renfort de publicité. On le croyait insubmersible. La White Star avait prévu que son voyage inaugural l'amènerait, le 10 avril de l'année suivante, de Southampton à New York en passant par Cherbourg et Cork, sous le commandement du capitaine Edward Smith. Celui-ci avait beaucoup d'expérience, ayant déjà piloté 15 des navires de la flotte. Mais le voyage commença mal. Comme le navire quittait Southampton, un énorme tirant d'eau rompit les amarres d'un autre paquebot, le *New York*,

et les deux navires faillirent entrer en collision. À leur insu, les 1308 passagers (dont Ismay, le directeur de la White Star) et 898 membres d'équipage reçurent à ce moment-là un présage de la destinée du *Titanic*.

Le paquebot fit des escales à Cherbourg et à Cork avant de se diriger vers l'autre côté de l'Altantique. On avait rapporté la présence d'icebergs, mais ils se trouvaient au nord de la trajectoire que suivait le *Titanic*. Ayant hâte de prouver la valeur de son nouveau navire, Ismay ordonna indûment au capitaine de pousser la vitesse du bateau jusqu'à la limite. Le premier jour, le vaisseau parcourut 873 km. On annonça encore par radio la présence d'icebergs, plus au sud cette fois-ci, mais cela ne fit pas réduire la vitesse du navire, qui filait à 22 nœuds.

Comme la nuit tombait, le 14 avril, le capitaine, avant de se retirer dans sa cabine, fit poster des vigies tout autour du bateau pour qu'elles soient à l'affût d'icebergs ou d'autres dangers. Peu après minuit, l'un de ces guetteurs aperçut une masse en avant du navire. Voyant qu'il s'agissait d'un iceberg, il rapporta immédiatement le danger. Mais le paquebot voyageait à une très grande vitesse. Bien que les gouvernails fussent portés à bâbord et que les moteurs fissent marche arrière, le *Titanic*, trop gros, fut lent à réagir, et il frappa l'iceberg.

Plus tard, les gens à bord affirmèrent n'avoir ressenti qu'une secousse et entendu que des grincements, mais la collision avait bel et bien endommagé le navire. Il n'y eut pas non plus de panique à bord, le *Titanic*, après tout, n'était-il pas insubmersible ? Pourtant, la conception du bateau comportait un grave défaut : la hauteur des cloisons étanches n'égalait pas celle de la coque, de sorte que l'eau, quand elle eut rempli un compartiment, déborda pour en remplir un autre, et ainsi de suite. Thomas Andrew, l'un des directeurs de la White Star, qui se trouvait lui aussi à bord du navire, affirma au capitaine que le *Titanic* coulerait en 2 h environ.

Smith ordonna l'émission du nouveau signal de détresse SOS, qui fut reçu par le *Carpathia*, un bateau qui se trouvait à 80 km environ du paquebot et qui se précipita sur les lieux. Il y avait bien un autre navire plus proche, à quelques kilomètres seulement du *Titanic*, mais l'opérateur radio du *Californian* n'était pas en service lorsque le capitaine Smith envoya son signal de détresse. Smith, pendant ce temps, donna l'ordre d'évacuer le navire. Or le *Titanic* ne portait que 20 canots de sauvetage pour 2200 personnes. Les concepteurs avaient cru que, même dans le pire des scénarios, le *Titanic* resterait à flot assez longtemps pour que les secours arrivent.

Au début, il y eut peu de panique parmi les passagers. Les femmes et les enfants furent embarqués dans les canots de sauvetage, selon la priorité des classes.

À gauche : Il était presque minuit, le 14 avril 1912, quand le Titanic *heurta un iceberg dans l'Atlantique Nord.*

À droite : Après que le bateau eut frappé l'iceberg, on abaissa des canots de sauvetage et les passagers de première classe s'y embarquèrent. Toutefois, il n'y eut pas assez de canots pour sauver tout le monde.

Ci-dessous :
Lorsque la prétendue merveille du Titanic *commença à couler, les occupants des canots de sauvetage luttèrent contre une mer agitée et des conditions glaciales.*

Presque tous les survivants furent des passagers de première classe, tandis que la grande majorité de ceux qui périrent étaient de la troisième classe. Ismay survécut, mais le capitaine Smith se noya avec son vaisseau. Le *Titanic* disparut sous les vagues vers 2 h le 15 avril. Le *Carpathia* arriva sur les lieux 2 h plus tard et secourut 703 personnes. Le bilan des morts fut de 805 passagers et 688 membres d'équipage.

Le naufrage du *Titanic* fit les manchettes dans le monde entier et on se demanda comment un si formidable vaisseau avait pu connaître un tel sort. La White Star Line fut en partie victime de sa propre publicité, persuadée qu'elle était que ses dispositifs de sécurité feraient du *Titanic* un navire invincible. Cependant, des commissions d'enquête trouvèrent un certain nombre de défauts. Manifestement le nombre de canots de sauvetage était insuffisant, cela même si le *Titanic* avait respecté les consignes en vigueur à l'époque. De plus, aucun exercice d'évacuation n'avait été fait. Le navire avait aussi voyagé à une grande vitesse la nuit, dans une région où la présence d'icebergs avait été rapportée.

La perte du *Titanic* mena à l'adoption de nouvelles lois sur la sécurité en mer. Les bateaux durent se munir

d'un nombre de canots de sauvetage suffisant pour assurer l'évacuation de tous les passagers et membres d'équipage, et les compagnies durent procéder à des exercices d'évacuation d'urgence à chacun de leurs voyages. Il fut recommandé aussi que les bateaux empruntent un parcours situé plus au sud pour traverser l'Atlantique. On installa en plus des systèmes de surveillance dans les eaux glacées pour que les navires soient avertis de la position exacte des icebergs. Enfin tous les navires furent tenus de maintenir, à partir de ce moment-là, une constante surveillance radio pour détecter d'éventuels signaux de détresse.

À gauche : Une scène à bord du Titanic *en train de couler. Des femmes et des enfants sont rassemblés dans les canots de sauvetage, tandis que les hommes restent derrière.*

Ci-dessous : Les derniers instants du Titanic, *alors que le paquebot géant disparaît sous les vagues. La légende veut que l'orchestre du navire ait continué à jouer tandis que le bateau sombrait.*

L'*EMPRESS OF IRELAND*, SUR LE FLEUVE SAINT-LAURENT

LE 29 MAI 1914

L'*Empress of Ireland* était un paquebot confortable mais sans prétention qui avait été construit pour la Canadian Pacific Line en 1905 par la Fairfield Shipbuilding and Engineering Company, située à Glasgow. L'*Empress* assurait la liaison transatlantique entre Québec et Liverpool. Le dernier voyage du paquebot commença le 28 mai 1914. Le vaisseau partit de Québec avec 1057 passagers et 420 membres d'équipage sous le commandement du capitaine Henry Kendall. Le navire transportait aussi environ 1100 tonnes de marchandises.

À Pointe-au-Père, le pilote spécialisé qui avait dirigé le navire dans les eaux du Saint-Laurent débarqua et l'*Empress* continua son voyage vers Liverpool. Alors que le paquebot poursuivait sa route, on aperçut des lumières à environ 9,5 km en avant du navire. Ces lumières provenaient du *Storstad*, un charbonnier norvégien transportant 11 000 tonnes de charbon dans ses cales. À mesure que les deux vaisseaux se rapprochaient, on crut d'un côté comme de l'autre qu'il y aurait assez de place pour passer sans heurt. Toutefois, quand les deux bateaux furent nez à nez, la visibilité se trouva très réduite, un épais brouillard ayant recouvert la région. Sur les deux navires, les vigies cherchaient les lumières de l'autre bâtiment.

Le *Strostad* aperçut le premier l'*Empress* et essaya désespérément de l'éviter. Le capitaine Kendall ordonna la pleine puissance en avant, puis en arrière, pour esquiver le *Storstad*, mais il était déjà trop tard. Celui-ci heurta l'*Empress*, ouvrant une large brèche dans sa coque, où l'eau commença à s'engouffrer.

Le capitaine Kendall se rendit compte que l'*Empress* était condamné et, après avoir vainement tenté de diriger le vaisseau vers le rivage, donna l'ordre d'évacuer. Mais la plupart des passagers, étant en plein sommeil, furent lents à réagir. L'*Empress* chavira sur le côté et coula en moins de 15 min après la collision. Des 1057 passagers à bord, seulement 217 survécurent. Les membres d'équipage eurent plus de chance — ou furent plus rapides à réagir — et des 420 qu'ils étaient, 248 en réchappèrent.

Bien que ce naufrage ne reçût pas une attention comparable à celui du *Titanic*, un plus grand nombre de passagers périrent.

À droite : On repêche les corps du Saint-Laurent après le naufrage de l'Empress of Ireland.

LE *FORT VICTORIA*, DANS L'ATLANTIQUE

LE 18 DÉCEMBRE 1929

La collision qui survint entre le *Fort Victoria*, un bateau de croisière de 7784 tonnes, et un autre bateau de croisière, l'*Algonquin*, illustre les dangers de la navigation sur des eaux encombrées et par temps de brouillard.

Le *Fort Victoria* avait commencé sa vie sous le nom de *Willochra* et naviguait entre les États-Unis, l'Australie et la Nouvelle-Zélande avant la Première Guerre mondiale. Durant la guerre, il avait servi au transport des troupes. En 1919, la Furness Withy and Company, de Londres, acheta le navire après avoir reçu une nouvelle décoration et un nouveau nom, servit de bateau de croisière entre New York et les Bermudes.

Le 18 décembre 1929, que le *Fort Victoria* était parti de New York avec 200 passagers et un équipage sous le commandement du capitaine Francis. Plus tard, ce jour-là, le *Fort Victoria* s'immobilisa à l'entrée du canal Ambrose. Un brouillard l'enveloppa et rendit la visibilité très mauvaise. Le capitaine avait entendu des signaux d'avertissement, mais il ne s'attendait certes pas à voir surgir du brouillard, devant lui à sa gauche, la proue d'un navire. Cette proue était celle de l'*Algonquin*, venant de Galveston, qui enfonça la coque du *Fort Victoria*. Très gravement endommagés, les deux bateaux envoyèrent tout de suite des appels de détresse.

La garde côtière américaine ainsi que d'autres navires arrivèrent rapidement sur les lieux. Le capitaine Francis évacua tous les passagers et son équipage avant d'abandonner le navire. Le *Fort Victoria* coula plus tard cette journée-là.

À gauche : Le Fort Victoria *était un bateau de croisière qui assurait une liaison entre New York et les Bahamas dans les années 20.*

LE *DRESDEN*, DANS LA MER DU NORD
LE 20 JUIN 1934

Le naufrage du *Dresden*, qui survint lors d'une croisière, illustre bien de quelle façon une excursion menée avec insouciance peut vite se transformer en une terrible catastrophe. Bon nombre des passagers étaient des enfants qui ne savaient pas nager et qui se noyèrent.

Le paquebot allemand *Dresden* avait eu une carrière polyvalente. Construit en 1915 et baptisé *Zeppelin*, le navire avait été laissé de côté jusqu'à la fin de la Première Guerre mondiale. Après la défaite allemande, il avait été cédé à la Grande-Bretagne en guise de réparations. Plus tard, en 1920, l'Orient Line fit l'acquisition du vaisseau, le rééquipa et lui donna le nouveau nom d'*Ormuz*. Le navire fit ensuite la navette entre Londres et l'Australie.

Le service de l'*Ormuz* se termina en 1927 quand ses propriétaires acceptèrent une offre d'achat de la North German Lloyd Line. Le navire fut alors à nouveau rebaptisé et redécoré, et le *Dresden* commença à assurer des liaisons entre Bremerhaven et New York. Il servit en même temps de bateau de croisière, emmenant des Allemands peu fortunés en excursion dans le cadre de la campagne nazie « La force par la joie ».

En 1934, le *Dresden* effectuait justement l'une de ces excursions lorsque la catastrophe survint. Vers 19 h 30 le 20 juin, le paquebot heurta un rocher immergé au large de l'île Karmoe. L'impact retentit tout autour du navire et provoqua la panique parmi les passagers, dont quelques-uns se lancèrent par-dessus bord. Plusieurs en étaient à leur première expérience en mer et ne savaient pas nager. Finalement le navire échoua, mais comme l'eau s'engouffrait par trois trous dans sa coque, il ne put être sauvé. Il commença à gîter et chavira le lendemain. On emmena les passagers et les membres d'équipage qui avaient survécu dans divers villages côtiers norvégiens.

Ci-dessus :
Le Dresden *sur son flanc. Le navire emmenait un groupe de jeunes Allemands en excursion quand il heurta un rocher.*

L'*ANDREA DORIA*, DANS L'ATLANTIQUE
LE 25 JUILLET 1956

L'*Andrea Doria* était un paquebot moderne et luxueux qui connut un succès immédiat auprès de ses passagers quand il entama son voyage inaugural, le 14 janvier 1953. Ses propriétaires, l'Italia-Societa per Azioni di Navigazione, avaient placé de grands espoirs dans ce vaisseau. Mais il allait disparaître trois ans et demi plus tard, à la suite d'une bouleversante collision qui survint dans le brouillard.

L'*Andrea Doria* naviguait entre Gênes et New York, faisant des escales à Cannes, à Naples et à Gibraltar. Vers le milieu de l'année 1956, le paquebot en était à sa 50e traversée transatlantique. La 51e allait se terminer en catastrophe.

Pour cette traversée, le commandant du navire était le capitaine Calamai, qui avait piloté l'*Andrea Doria* à l'occasion de son premier voyage. Le paquebot se dirigeait vers l'océan Atlantique, ayant à son bord 572 membres d'équipage et 1134 passagers, qui découvraient les charmes d'un navire offrant trois piscines extérieures et plusieurs jolies salles décorées à l'italienne. La traversée se passa sans incident jusqu'à ce que le paquebot se trouve à une journée du port de New York. C'était un 25 juillet.

Alors qu'en milieu d'après-midi un épais brouillard avait réduit la visibilité à 1/2 km environ, l'*Andrea Doria* approchait du phare de Nantucket à pleine vitesse. Calamai ordonna que la vitesse du bateau soit réduite à 21 nœuds. Peu après 22 h 30, l'opérateur du radar de l'*Andrea Doria* constata la présence d'un objet à l'avant du navire, mais des officiers estimèrent qu'il passerait à tribord du paquebot. Calamai ordonna alors qu'un coup de sirène soit donné toutes les 100 s.

Ci-dessus :

L'Andrea Doria *était un paquebot luxueux qui naviguait entre l'Italie et New York.*

Le capitaine avisa ensuite ses officiers d'être attentifs aux sons qu'émettrait un autre navire, quand tout à coup ils aperçurent des lumières émergeant de la brume et venant droit sur eux. L'*Andrea Doria* envoya deux coups de sirène d'avertissement et tenta d'effectuer un virage sec. Mais avec un poids de 30 000 tonnes brutes, le vaisseau fut lent à réagir. L'autre navire, le *Stockholm*, de la Swedish American Line, enfonça le côté de tribord de l'*Andrea Doria*.

Les dommages furent colossaux. Le *Stockholm* filait à une vitesse de 18 nœuds et il était muni d'une proue renforcée pour briser la glace. Cette proue défonça la coque de l'*Andrea Doria* jusqu'à une profondeur de 9 m et la brèche allait du pont supérieur jusqu'à bien en deçà de la ligne de flottaison.

Le *Stockholm* parvint à inverser la puissance de ses moteurs et à se retirer de la coque de l'*Andrea Doria*, qui bascula tout de suite et de façon irrémédiable. Le navire sombrait si rapidement qu'il fut impossible de descendre les canots de sauvetage, et le capitaine différa son ordre d'évacuation. Mais il envoya un message de détresse auquel répondirent plusieurs vaisseaux qui croisaient dans les environs. L'arrivée rapide des secours parvint à sauver 1600 des passagers et des membres d'équipage de l'*Andrea Doria*.

Le *Stockholm*, bien que sa proue fût sérieusement endommagée, participa aussi aux efforts de secours. Lorsqu'on compta enfin les survivants, 47 personnes seulement furent portées disparues, la plupart ayant succombé au moment de l'impact.

Ci-dessus : La masse méconnaissable qu'était devenue la proue du Stockholm, *qui se rendit de peine et de misère à New York en transportant 500 des survivants de l'*Andrea Doria.

*À gauche : Après être entré en collision avec le Stockholm, l'*Andrea Doria *chavira sur son côté de tribord. Il coula le lendemain dans 70 m d'eau.*

LE *HANS HEDTOFT*, DANS L'ATLANTIQUE

LE 30 JANVIER 1959

Durant l'hiver, l'Atlantique Nord est un endroit très dangereux pour la navigation. La mer est glacée, il y a souvent des tempêtes ou du brouillard, et il faut compter avec la constante menace des icebergs. Même les navires conçus spécialement pour affronter ces conditions ne sont pas à l'abri de catastrophes, comme le montre l'histoire du *Hans Hedtoft*.

La Royal Greenland Trading Company, du Danemark, avait construit le *Hans Hedtoft* pour qu'il navigue entre le Danemark et le Groenland. Le navire avait été spécialement conçu pour assurer un service à longueur d'année, ce qui supposait des voyages au Groenland en plein cœur de l'hiver, entre les mois de janvier et de mars.

Les constructeurs avaient voulu protéger le navire contre ce que l'Atlantique Nord pouvait lui opposer de pire en le munissant d'un double fond, de sept compartiments étanches et d'une proue renforcée. Toutefois, même l'équipement le plus robuste ne suffit pas à préserver le *Hans Hedtoft* contre la rigueur des mers hivernales de la région du Groenland.

Le *Hans Hedtoft* entama son voyage inaugural le 7 janvier 1959, naviguant de Copenhague à destination de Godthaab. Le navire repartit de là pour le voyage de retour le 29 janvier avec 55 passagers et 40 membres d'équipage à bord, sous le commandement du capitaine Rasmussen.

Le 30 janvier, le bateau fit face à des mers agitées et à des vents très violents, mais il parvint à maintenir une vitesse de 12 nœuds. Vers 12 h toutefois, le navire heurta un iceberg à quelque 50 km du cap Farewell, sur la pointe sud du Groenland. Rasmussen envoya immédiatement un signal de détresse, qui fut capté par un navire de la garde côtière américaine et par un chalutier.

Le chalutier se hâta de gagner les lieux, mais il ne trouva rien. Pendant plusieurs jours, des bateaux et des avions fouillèrent la mer au-dessus de la dernière position connue du *Hans Hedtoft*, mais la visibilité était mauvaise, et ils ne trouvèrent aucune trace du navire. Le 7 février, les recherches furent annulées.

La perte du *Hans Hedtoft*, qui survint à l'occasion de son voyage inaugural et à la suite d'une collision avec un iceberg, ne fut pas sans rappeler la tragédie du *Titanic*.

À gauche : Le bâtiment danois Hans Hedtoft *appareille à partir du port de Copenhague à l'occasion de son voyage inaugural, le 7 janvier 1959. Le navire était destiné à ne plus jamais rentrer à Copenhague : il coula sans laisser de trace après avoir frappé un iceberg au cours du voyage de retour.*

LE *CARIBIA*, À GUAM

LE 13 AOÛT 1974

Poursuivi par la malchance tout au long de son existence, le paquebot *Caribia* connut une fin ignominieuse, se brisant avant même d'atteindre le chantier de ferraille vers lequel il se dirigeait.

Inauguré sous le nom de *Caronia* en octobre 1947, il fut employé d'abord entre Southampton et New York. Toutefois, les compagnies aériennes opposaient une concurrence de plus en plus âpre aux paquebots transatlantiques et le *Caronia* était loin d'être rentable. Le navire eut du succès ensuite en tant que bateau de croisière dans les Antilles, mais en 1967 la Cunard, propriétaire du navire, dut mettre fin au service du *Caronia*.

Le navire fut vendu en 1968 et reçut le nom de *Caribia*. Après l'avoir rénové, ses propriétaires décidèrent de se lancer dans le marché des croisières appareillant de New York. Alors que le *Caribia* en était à sa deuxième croisière, un écoulement dans la chambre de chauffe provoqua, le 5 mars 1969, une explosion qui tua un membre d'équipage. Le navire perdit de la puissance et dut être remorqué jusqu'à New York, où il fut revendu.

Le *Caribia* eut par la suite du mal à trouver un mouillage permanent, à New York. Ce problème se régla enfin en 1971 lorsqu'on lui assigna une place sur le quai n° 56. Mais le navire était devenu une charge financière trop lourde pour son nouveau propriétaire, qui chercha bientôt un moyen de s'en défaire. Le propriétaire accepta finalement une offre de la part d'un chantier de ferraille taïwanais.

Le 25 janvier 1974, le bateau quitta New York pour son dernier voyage. Il était tiré par le remorqueur *Hamburg*. De mauvaises conditions météo forcèrent le remorqueur et sa charge à accoster à Guam, mais au moment où les deux navires pénétraient dans le port, le 13 août, le *Caribia* entra en collision avec un brise-lames. Le vaisseau chavira et se cassa en trois ; ses restes furent plus tard démolis sur place.

Ci-dessus : Le Caribia *avait été construit par la Cunard en vue du transport trans-atlantique, mais quand le paquebot commença à naviguer, la compétition des compagnies aériennes était devenue trop forte.*

L'*ATLANTIC EMPRESS*, DANS LA MER DES ANTILLES

LE 19 JUILLET 1979

Le naufrage de l'*Atlantic Empress*, un pétrolier géant de 292 666 tonnes, survint après son entrée en collision avec un autre pétrolier, l'*Aegean Captain*, pesant 210 257 tonnes. Les deux bateaux étaient immatriculés au Liberia. L'*Aegean Captain* se rendait à Singapour, tandis que l'*Atlantic Empress* cheminait vers le golfe Persique. La quantité totale de pétrole déversée ce jour-là dans la mer des Antilles fut estimée à 280 000 tonnes, et la compagnie d'assurances maritimes Lloyd's, de Londres, décrivit la catastrophe comme « sa pire perte maritime jamais éprouvée ».

La collision survint au large de la petite île de Tobago, en début de soirée, à un moment où les conditions météorologiques se gâtaient. Comme l'obscurité tombait, la visibilité se détériorait, et malgré les systèmes radars modernes des deux vaisseaux, il semble que personne ne se soit rendu compte qu'ils se rapprochaient dangereusement l'un de l'autre. C'est lorsque les deux pétroliers ne furent plus séparés que par 1,5 km environ que des vigies s'avisèrent du danger imminent. À ce moment-là, toutefois, il était déjà trop tard pour faire quoi que ce soit. Les pétroliers se frappèrent à une vitesse combinée de 30 nœuds.

Peu après 19 h, la proue de l'*Aegean Captain* s'écrasa sur le flanc gauche de l'*Atlantic Empress*, et des incendies éclatèrent sur les deux bâtiments. L'évacuation de l'*Aegean Captain* se fit selon les règles, mais les choses ne se passèrent pas aussi bien sur l'*Atlantic Empress*. L'équipage eut du mal à descendre les canots de sauvetage, et 26 des 42 personnes à bord périrent. L'*Aegean Captain* fut remorqué jusqu'à Curaçao, dans les Antilles hollandaises, mais l'*Atlantic Empress* coula.

Ci-dessous :

*De denses nuages de fumée enveloppent l'*Atlantic Empress, *condamné à couler à la suite de sa collision avec l'*Aegean Captain, *un autre pétrolier géant.*

LE *DONA PAZ*, AUX PHILIPPINES

LE 20 DÉCEMBRE 1987

Les eaux dangereuses qui séparent les nombreuses îles des Philippines ont été la scène de bien des naufrages, mais la catastrophe du *Dona Paz*, un traversier qui faisait constamment la navette entre les îles, se range parmi les plus terribles tragédies maritimes de tous les temps.

Le dernier voyage du *Dona Paz* eut lieu pendant l'une des périodes les plus occupées de l'année, alors que la demande de traversiers dans les Philippines bat son plein. Le *Dona Paz* faisait la liaison entre Leyte et Manille, et il venait de quitter Tacloban pour la capitale, bondé de gens du pays pressés d'achever leurs préparatifs en vue du festival de Noël. Il y avait tant de passagers entassés sur le *Dona Paz* que plusieurs n'étaient pas enregistrés, ce qui fait que le bilan des morts établi après la catastrophe est loin d'être précis.

La première étape du voyage s'écoula sans incident. C'est au moment où le traversier entamait le dernier tiers de son parcours que le sort s'abattit sur le *Dona Paz*, alors qu'il se trouvait tout près de la petite île de Marinduque.

C'était une nuit noire et sans lune, et plusieurs des passagers dormaient tant bien que mal sur les ponts encombrés, lorsque le traversier entra en collision avec un pétrolier, le *Victor*. Sous le choc de l'impact, un incendie se déclencha, et le traversier fut englouti par les flammes avant de couler. Les eaux environnantes étaient recouvertes de pétrole enflammé, et les naufragés qui avaient sauté du bateau eurent peu de chances de survivre. Les quelques personnes qui parvinrent à échapper aux flammes durent s'accrocher à des débris et tenir une bonne partie de la nuit, puisque les opérations de secours ne furent mises en branle qu'à l'aube. Pour comble, le mauvais temps compliqua considérablement les efforts des secouristes, des orages s'étant déclenchés au-dessus de la région.

Une fois les enquêtes terminées, on estima que les deux navires avaient transporté ensemble 1556 passagers et membres d'équipage, chiffre qui est presque certainement en deçà de la réalité. Trente personnes seulement survécurent à la collision et aux flammes, et plusieurs corps ne furent jamais repêchés.

Ci-dessus :
Le traversier
Dona Paz *lors d'un de ses voyages.*

INCENDIES

Plusieurs bateaux ont succombé aux affres du feu. À l'âge des vaisseaux de bois, un tel sort était fréquent, mais il est étonnant qu'aujourd'hui encore les vaisseaux de métal soient menacés des mêmes dangers. Les cargos transportent souvent des matières hautement combustibles, tandis que les paquebots sont aménagés avec toutes sortes de meubles susceptibles de flamber. Ajoutons à cela que même un métal comme l'aluminium peut brûler quand il est soumis à de très hautes températures.

Lorsqu'un incendie se déclare sur un navire, le capitaine a plusieurs responsabilités à assumer : il doit avertir tous les passagers à bord, préparer d'éventuelles mesures d'évacuation, combattre l'incendie et, si la situation échappe à son contrôle, envoyer un signal de détresse. La plupart des naufrages relatés dans ce chapitre sont imputables en partie à l'omission d'au moins une de ces mesures. L'exemple le plus remarquable est peut-être celui du *Yarmouth Castle*, un navire qui succomba aux flammes en 1965. D'abord, le capitaine n'avait pas été mis au courant de l'incendie, et quand il le fut, il le jugea maîtrisable. Quand il donna enfin l'ordre d'évacuer le navire, il était déjà beaucoup trop tard. Le capitaine ne parvint pas non à envoyer un signal de détresse, la chambre des radios étant déjà la proie des flammes. De plus, son équipage et lui contrevinrent aux règles maritimes élémentaires en étant les premiers à quitter le navire.

Heureusement, les cas comme celui du *Yarmouth Castle* sont rares. Les équipages sont devenus très compétents dans la lutte contre les incendies et les bateaux sont équipés de systèmes de protection contre le feu très efficaces. En cas d'incendie, les qualités les plus importantes sont la vitesse de réaction et le jugement. Il est crucial de déterminer rapidement et précisément le danger avant de mettre en branle les mesures d'intervention nécessaires. Toutefois, les cas qui suivent nous enseignent que les réactions les plus promptes ne suffisent pas toujours à sauver un navire de la destruction.

À droite : Le paquebot italien Achille Lauro *en feu et à la dérive au large de la côte somalienne, après que 1000 passagers et membres d'équipage eurent été repêchés des canots de sauvetage du navire.*

LE *SAALE*, À NEW YORK

LE 30 JUIN 1900

La plupart du temps, un port est un endroit sûr qui sert de refuge aux navires, mais comme le montre le sort du *Saale*, il n'en va pas toujours ainsi. Le paquebot prit feu à la suite d'une déflagration sur un quai, tout près d'où il mouillait « en sécurité ».

Le *Saale*, un paquebot à deux cheminées, appartenait à la compagnie North German Lloyd et il était attaché au port de Bremen. Le navire pouvait accueillir 1200 passagers, dont 150 en première classe. Il naviguait entre Bremen, Southampton et New York.

Vers la fin du mois de juin 1900, le *Saale* se trouvait amarré à Hoboken, dans le New Jersey, en compagnie de trois autres navires de la North German Lloyd, le *Bremen*, le *Kaiser Wilhelm der Grosse* et le *Main*. Un incendie se déclara dans des ballots de coton sur le quai numéro 3 puis atteignit des barils de pétrole et de térébenthine entreposés non loin de là. De fort vents aidèrent le feu à se propager, de sorte que les trois navires accostés furent bientôt menacés. Le *Kaiser Wilhelm* parvint à se dégager, mais les deux autres bateaux prirent feu.

Les occupants du pont supérieur du *Saale* parvinrent à s'échapper en plongeant dans la rivière Hudson, mais ceux qui étaient en dessous furent tragiquement piégés. Certains essayèrent de fuir par les hublots, trop petits cependant pour que quiconque puisse y passer. En fin de compte, le navire calciné s'affaissa en bas du quai.

C'est une horrible hécatombe qui attendait ceux qui inspectèrent les ponts inférieurs du *Saale*. Ils y trouvèrent les corps brûlés de 99 passagers et membres d'équipage. Cette tragédie eut au moins une conséquence positive, car les navires durent ensuite être munis de hublots assez grands pour qu'on puisse y passer en cas d'urgence.

Le *Saale* fut restauré et continua d'être actif pendant 24 ans, mais pas en tant que paquebot. Le navire, qui avait été rebaptisé *Madison*, fut démoli en 1924, en Italie.

Ci-dessous :
Le Saale, *un paquebot allemand, mouillait à Hoboken, dans le New Jersey, lorsqu'un incendie éclaté sur un quai voisin se propagea jusque sur le navire et eut d'affreuses conséquences.*

LE *CITY OF HONOLULU*, DANS LE PACIFIQUE

LE 12 OCTOBRE 1922

Un incendie qui se déclare sur un navire alors qu'il est en mer constitue une expérience terrifiante. Le feu, s'il se propage rapidement, peut engloutir même le plus grand des vaisseaux, comme en témoigne le sort du *City of Honolulu*.

Le *City of Honolulu* était né sous le nom de *Friedrich der Grosse* et faisait partie de la flotte appartenant à la compagnie de navigation North German Lloyd. Avant la Première Guerre mondiale, le *Friedrich* avait servi sur des parcours entre l'Australie et l'Atlantique Nord. Mais la North German Lloyd perdit le navire au début de la guerre lorsqu'il fut retenu dans le port de New York.

En 1917, année où les États-Unis entrèrent en guerre, la US Navy avait besoin d'agrandir sa flotte pour transporter des troupes par milliers jusqu'au front de l'ouest. Le *Friedrich der Grosse*, qui convenait parfaitement, fut rebaptisé *Huron* et affecté au service de guerre. Puis, en 1922, ayant survécu à la guerre, le navire fut affrété par la Los Angeles Steamship Company. Sous le nouveau nom de *City of Honolulu*, il commença à naviguer entre la Californie et les îles hawaïennes en septembre 1922.

Toutefois, le *City of Honolulu* ne parvint jamais au terme de son voyage inaugural. Alors qu'il revenait vers la Californie et qu'il se trouvait à environ 1000 km au large de San Pedro, le 12 octobre, un incendie se déclara à bord. Le feu se propagea vite sur l'ensemble du navire, qui fut complètement ruiné. Fort heureusement, un appel de détresse amena rapidement le cargo *West Faralon*, sur les lieux. Ce navire secourut les 70 passagers et 145 membres d'équipage du *City of Honolulu*.

Le *City of Honolulu*, calciné et abandonné, dériva pendant quelques jours avant d'être coulé, ironiquement, par un navire de guerre américain, le *Thomas*.

À droite : Afin de prévenir un mouvement de panique lorsque l'incendie se déclara, le capitaine demanda à l'orchestre de jouer pour que les passagers dansent en attendant que les canots de sauvetage soient prêts.

LE *GEORGES PHILIPPAR*, DANS LE GOLFE D'ADEN

LE 15 MAI 1932

Le paquebot français *Georges Philippar* n'était pas étranger au feu. Il remplaçait le *Paul Lacat*, un navire qui avait brûlé dans le port de Marseille en décembre 1928, et il avait lui-même été la proie des flammes le 29 novembre 1930, quelque trois semaines avant son inauguration. Le *Georges Philippar* fut fin prêt en 1932.

Le premier et dernier voyage du navire s'amorça sous de mauvais auspices. La police française avait prévenu les propriétaires, les Messageries maritimes, contre des menaces de destruction qui avaient été proférées à l'endroit du vaisseau le 26 février. Le voyage d'aller jusqu'à Yokohama se passa sans incident. Le navire rebroussa chemin et se dirigea vers la France, faisant escale d'abord à Shanghai, puis à Colombo. De là, le paquebot gagna l'océan Indien, avec 518 passagers et

347 membres d'équipage. Deux fois au cours de cette étape, une alarme d'incendie sonna dans une resserre contenant une quantité importante de lingots d'or. Mais dans les deux cas, il n'y eut aucune trace de feu.

Par contre, un réel incendie se déclara le 15 mai dans une cabine. Le danger, cependant, fut rapporté trop tard au capitaine ; le feu s'était déjà étendu. Le capitaine décida de se diriger rapidement vers Aden pour y faire échouer le navire, mais la vitesse ne servit qu'à aviver l'incendie.

Quand le capitaine se rendit compte que l'incendie ne pouvait plus être maîtrisé, il donna l'ordre d'évacuer le navire. Trois bateaux répondirent aux appels de détresse du *Philippar* et ils secoururent plus de 650 des personnes qui étaient à bord. Plus tard, on estima entre 40 et 90 les pertes de vies. Le navire se consuma et dériva quelques jours avant de couler, le 19 mai.

Ci-dessous : Le paquebot français Georges Philippar, qui ne termina jamais son voyage inaugural. Le navire succomba à un incendie dans le golfe d'Aden avant de couler.

LE *PIETER CORNELISZOON HOOFT,* À AMSTERDAM

LE 14 NOVEMBRE 1932

Le paquebot hollandais *Pieter Corneliszoon Hooft* était condamné à commencer et à finir son existence dans le feu. Le navire, qui avait été commandé à un chantier naval français par une compagnie de navigation hollandaise, évita de près la destruction le 25 décembre 1925, alors qu'il était encore en construction. Il avait alors été victime d'un incendie majeur qui détruisit complètement l'aménagement destiné aux passagers. Les Français ne purent par la suite respecter les échéances de la construction, et le navire fut envoyé à Amsterdam pour la suite des travaux.

Mais Amsterdam allait s'avérer un foyer fatal pour le *Pieter Corneliszoon Hooft*. La construction du navire fut finalement terminée et il fut livré à ses propriétaires en

août 1926. Son voyage inaugural le mena d'Amsterdam aux Indes hollandaises orientales la même année. C'était un parcours lucratif et la compagnie hollandaise décida d'améliorer les performances du navire. En 1930, le *Pieter Corneliszoon Hooft* fut allongé de 3 m et il reçut de nouveaux moteurs Diesel. Son premier voyage après qu'il eut été rénové eut lieu en avril 1931.

Malheureusement le bateau ne navigua pas longtemps après ces modifications. Le 14 novembre 1932, il fut assailli par les flammes alors qu'il était amarré au quai Sumatra du port d'Amsterdam. Les services d'urgence réagirent rapidement en remorquant le bateau vers des eaux plus sûres pour éviter que le port ne subisse des dommages. Mais sur le *Corneliszoon Hooft*, l'incendie fut impossible à maîtriser, et le navire ruiné dut être envoyé à la ferraille.

Ci-dessus :

Lorsque le Pieter Corneliszoon Hooft *prit feu, alors qu'il mouillait dans le port d'Amsterdam, des remorqueurs furent rapidement mobilisés pour touer le navire enflammé loin des quais.*

L'ATLANTIQUE, DANS LA MANCHE
LE 4 JANVIER 1933

La compagnie de navigation Sud Atlantique était très fière de *L'Atlantique,* et avec raison. Ses 42 512 tonnes brutes en faisaient le plus grand et le plus luxueux des paquebots qui naviguaient vers l'Amérique du Sud. *L'Atlantique* fut mis à flot en 1931 et il appareilla pour son voyage inaugural entre Bordeaux et Buenos Aires le 29 septembre 1931. Toutefois la catastrophe dont il fut victime 15 mois plus tard entraîna d'amères disputes juridiques et le vaisseau ne fut jamais remis en circulation.

L'accident fatal survint alors que *L'Atlantique* se rendait de son port d'attache, à Bordeaux, vers Le Havre pour y subir en cale sèche son inspection d'entretien annuelle. Vers 3 h 30, le commandant du navire, le capitaine Shoofs, apprit qu'un incendie s'était déclaré sur le pont E, dans la cabine 232. Le feu se propagea rapidement et l'équipage fut forcé d'abandonner le navire. Dans la confusion, 17 personnes perdirent la vie. Le brasier dura deux jours et le bateau dériva vers la côte sud-ouest de l'Angleterre avant d'être toué jusqu'à Cherbourg, le 6 janvier, par des remorqueurs français, allemands et hollandais.

Quand ils évaluèrent les dommages, les propriétaires déclarèrent une perte sèche et ils réclamèrent une indemnité totale à leurs assureurs. Mais ceux-ci refusèrent, faisant valoir que le navire pourrait être réparé moyennant une somme considérablement moins importante. Les propriétaires gagnèrent la bataille juridique qui s'ensuivit et *L'Atlantique* ne revit plus le large. Le paquebot fut vendu à un chantier de ferraille.

Ci-dessous : Le paquebot français L'Atlantique *à la merci des flammes dans la Manche, en janvier 1933. Le navire fut plus tard remorqué jusqu'à Cherbourg.*

LE *PARIS*, AU HAVRE

LE 19 AVRIL 1939

Les propriétaires du *Paris*, la Compagnie Générale Transatlantique, avaient voulu construire un véritable palais des hautes mers pour profiter pleinement du lucratif marché des liaisons transatlantiques. Les chambres de première classe étaient somptueusement décorées, dans le style Art nouveau, et l'ensemble du navire avait été conçu pour donner aux passagers l'impression qu'ils étaient déjà en France.

La construction du paquebot avait commencé en 1913 aux Chantiers et Ateliers de Saint-Nazaire, mais les travaux furent interrompus en 1914 quand la guerre commença. Cependant, comme l'espace libre dans les cales de halage était très recherché, la construction du

Ci-dessous :
Après avoir été toute la nuit ravagé par les flammes, le Paris *sombre tout près du quai, au Havre.*

Paris fut en fin de compte accélérée, et la mise à flot eut lieu en septembre 1916. Lorsque les travaux d'aménagement furent complétés, en juin 1921, le *Paris*, à 34 569 tonnes brutes, était le plus gros paquebot jamais construit sur un chantier maritime français. Les propriétaires s'étaient assurés qu'il puisse accueillir plus de 550 passagers en première classe, et ce, dans un environnement de grand luxe offrant des services inégalés. Le *Paris* effectua son premier voyage transatlantique le 15 juin 1921 à partir du Havre, à destination de Plymouth (New York).

Une première mésaventure toucha le *Paris* en août 1929, alors qu'il était amarré au Havre. Un incendie détruisit une bonne partie de l'espace aménagé pour les

passagers. Il est possible que l'incendie ait été de nature criminelle, puisque les propriétaires avaient reçu des menaces de sabotage. Devant réaménager le navire en profondeur, la compagnie décida de lui donner un coup de jeune et d'améliorer encore la qualité de ses services. Le *Paris* fut enfin remis en circulation en janvier 1930.

On en était à quelques mois de la Seconde Guerre mondiale lorsque le *Paris* fut pour une deuxième fois la proie des flammes. Encore là, le navire était amarré au Havre. Le 19 avril 1929, plusieurs incendies éclatèrent simultanément, l'un dans la boulangerie du paquebot, et deux autres sur des ponts supérieurs. En dépit du fait que le navire était dans le port, les services d'incendie ne purent empêcher la propagation du feu, qui fut

bientôt impossible à maîtriser. Finalement le *Paris* chavira et coula juste à côté du quai. Seules sa coque et une partie de sa superstructure affleuraient dans les eaux du port. De nouvelles rumeurs circulèrent voulant que le *Paris* ait été victime de sabotage.

La Seconde Guerre mondiale empêcha le navire d'être remis à flot. Le dernier chapitre de la malheureuse histoire du *Paris* commença peu après la fin de la guerre. En 1946 un autre vaisseau, le *Liberté*, rompit ses amarres et s'écrasa sur les ruines du *Paris*. Ce fut le coup de grâce. Des remorqueurs dégagèrent le *Liberté*, mais le *Paris* était clairement irrécupérable. En 1947, tous les projets visant à relever le *Paris* furent abandonnés, et le navire fut mis à la casse.

À droite :
Le Paris *repose sur le flanc, le long du quai, où il resta pendant huit ans avant d'être démoli.*

LE *LAKONIA*, DANS L'ATLANTIQUE

LE 22 DÉCEMBRE 1963

Le *Lakonia* était un paquebot de 20 314 tonnes brutes appartenant à la Greek Line. Pour certains des 651 passagers et 385 membres d'équipage qui s'embarquèrent sur ce navire le 19 décembre 1963, ce voyage allait être le plus mémorable de leur vie. Mais pour au moins 130 d'entre eux, il allait être le dernier. Le *Lakonia* appareilla de Southampton, sur la côte sud de l'Angleterre, pour une croisière de Noël qui devait durer 11 jours dans les îles Canaries.

Le *Lakonia* n'était pas un navire neuf. La Nederlandsche Shipbuilding avait terminé sa construction en 1931 pour le compte de la Nederland Royal Mail Line. La compagnie avait prévu que son nouveau paquebot, baptisé le *Johan van Oldenbarnevelt*, desservirait les Indes hollandaises orientales à partir d'Amsterdam. Pendant la Seconde Guerre mondiale, le navire servit au transport des troupes, puis il retrouva

son ancien parcours en 1946. Plus tard, il navigua jusqu'en Autriche chargé d'émigrants, fut réaménagé plusieurs fois et transféré enfin au lucratif secteur des croisières autour du monde. En 1962 le navire fut vendu à la Greek Line ; il fut alors rebaptisé *Lakonia* et affecté, au printemps de 1963, au trajet entre Southampton et les îles Canaries.

La croisière de Noël tourna mal, alors que le *Lakonia* se trouvait à quelque 300 km au nord de l'île de Madère. Un incendie éclata dans le salon de coiffure et une bruyante détonation suivit, causée probablement par l'explosion de contenants sous pression. Une épaisse fumée noire se répandit partout sur le navire et un mouvement de panique gagna les passagers.

L'équipage du *Lakonia*, commandé par le capitaine Zabris, ordonna aux passagers de revêtir leurs gilets de sauvetage. Il semble qu'après, le système servant à avertir les passagers ait fait défaut. Aussi les instructions transmises ensuite de bouche à oreille furent-elles

Ci-dessus :

Le Lakonia *en feu, à 300 km environ au nord de l'île de Madère.*

À droite : En dépit des efforts du remorqueur norvégien Herkules *pour ramener le* Lakonia *à bon port, celui-ci, trop endommagé, coula peu après qu'on eut pris cette photo.*

À droite : Après avoir été repêché d'un canot de sauvetage, un rescapé du Lakonia *est emmené sur l'un des bateaux venus en renfort.*

contradictoires. Les passagers qui grimpèrent sur le pont des canots de sauvetage trouvèrent un équipage désordonné, qui avait le plus grand mal à mettre à l'eau les canots disponibles.

Le *Lakonia* parvint à envoyer des signaux de détresse auxquels répondirent quelques navires qui croisaient dans les environs. Le premier qui arriva sur les lieux fut le *Salta*, un paquebot argentin. Quatre autres bateaux arrivèrent bientôt, le *Centaur*, le *Charlesville*, l'*Export Aide* et le *Montcalm*. Les secouristes parvinrent à repêcher des canots de sauvetage 900 rescapés du *Lakonia*. Quatre-vingt-dix personnes périrent dans l'incendie et 42 autres, dont les corps n'ont pas été retrouvés, furent présumées mortes.

Un remorqueur de secours norvégien, le *Herkules*, réussit à accrocher le *Lakonia* pour le touer vers le port le plus proche, mais les dommages étaient si importants que le navire ne put pas continuer à flotter et sombra dans l'océan Atlantique le 29 décembre.

LE *YARMOUTH CASTLE*, DANS LA MER DES ANTILLES

LE 13 NOVEMBRE 1965

Le *Yarmouth Castle* avait eu une longue carrière sans incident. Mis à flot en 1927 sous le nom d'*Evangeline*, il avait servi à la US Navy durant la Seconde Guerre mondiale. Son dernier propriétaire, la Yarmouth Cruise Lines, avait fait son acquisition en 1963 et lui avait donné son nouveau nom. Mais le vaisseau vieillissant était miné par des problèmes de moteur. La Yarmouth Lines décida de le transférer sur la route des croisières entre Miami et Nassau, dans les Bahamas.

En novembre 1965, le *Yarmouth Castle* leva l'ancre en direction des Bahamas avec 372 passagers et 174 membres d'équipage. La nuit du 13 novembre, un incendie se déclara à 0 h 35 dans la cabine 610. Le feu se propagea dans les corridors et jusqu'aux ponts supérieurs. Le commandant du navire, le capitaine Voutsinas, ne s'aperçut de l'incendie que 25 min plus tard. Il négligea d'envoyer un signal de détresse. Or l'incendie était si fort qu'il dut donner un ordre d'évacuation 20 min plus tard. Le feu avait déjà gagné la passerelle ainsi qu'un bon nombre des canots de sauvetage. La chambre des radios était aussi la proie de flammes, ce qui empêcha alors d'envoyer un signal de détresse.

Toutefois, deux navires, le *Finnpulp* et le *Bahama Star*, aperçurent le *Yarmouth Castle* embrasé et se portèrent à son secours. Le premier canot de sauvetage qu'ils récupérèrent fut celui du capitaine Voutsinas, accompagné de quelques-uns de ses officiers, tandis que plusieurs des passagers furent repêchés de la mer. Les deux navires secoururent 450 passagers et membres d'équipage, mais le *Yarmouth Castle* chavira le lendemain matin et coula.

Ci-dessus : *C'est un passager du Bahama Star, l'un des navires qui vinrent à la rescousse, qui prit cette photo dramatique du Yarmouth Castle embrasé. On aperçoit sur la gauche un canot de sauvetage encore attaché au navire.*

LE *SEAWISE UNIVERSITY*, À HONG KONG

LE 9 JANVIER 1972

Malgré son nom peu familier, le *Seawise University* demeure l'un des plus célèbres vaisseaux du XXᵉ siècle. Mieux connu sous son nom d'origine de *Queen Elizabeth*, ce paquebot, le plus grand jamais construit, avait été mis à flot peu avant la Seconde Guerre mondiale. En fait, la guerre éclata avant que l'intérieur du navire ne soit terminé, et le *Queen Elizabeth* passa les années 1939-1945 à éviter les sous-marins allemands. Le navire contribua de façon importante à l'effort de guerre des Alliés en transportant 800 000 soldats entre 1940 et 1946.

Après la guerre, le *Queen Elizabeth* fut rééquipé pour remplir les fonctions auxquelles on l'avait d'abord destiné, c'est-à-dire assurer des liaisons rapides et luxueuses entre l'Angleterre et New York. Mais il fallut bientôt admettre que l'ère des transatlantiques luxueux tirait à sa fin. En dépit des mises à jour coûteuses et de réaménagements toujours plus somptueux, le paquebot géant était en train de perdre sa bataille contre le

transport aérien. Le *Queen Elizabeth* fut vendu aux États-Unis, mais les projets américains de transformer le navire géant en attraction touristique ne se réalisèrent jamais. En 1970, le paquebot qui mouillait à Port Everglades, en Floride, fut acheté par C. Y. Tung.

Tung lui donna un nouveau nom et l'envoya jusqu'à Hong Kong où, moyennant des sommes énormes, il serait transformé en université flottante. Il avait aussi prévu que le navire servirait à des croisières. Cependant, en raison de problèmes touchant ses cheminées, le *Seawise University* mit six mois à se rendre de Port Everglades à Hong Kong, où il arriva en juillet 1971.

Les projets de Tung ne virent pas le jour. Le bateau fut victime de sabotage dans le port de Hong Kong, où on le rénovait. Le 9 janvier 1972, plusieurs incendies éclatèrent simultanément en divers endroits du vaisseau. C'est à 10 h 30 qu'un hélicoptère volant au-dessus du navire rapporta l'incendie aux autorités portuaires. Les systèmes anti-incendie à bord du paquebot ne suffirent pas à contenir les flammes, qui

À gauche : Le Queen Elizabeth *était le plus grand paquebot du monde et la fierté de son propriétaire,* la Cunard Line.

Ci-dessus : Des bateaux-pompes combattent le brasier qui sévit sur le Seawise University *(autrefois le* Queen Elizabeth)*, dans le port de Hong Kong.*

se propagèrent rapidement sur 5 des 11 ponts. L'explosion d'un réservoir à essence qui suivit aggrava la situation, et ceux qui travaillaient sur le navire ne purent rien faire d'autre que de fuir.

Les services d'incendie de Hong Kong firent face à une tâche quasi insurmontable : la plus grande partie de la superstructure du *Seawise University* flambait et le bateau penchait dangereusement. Les principaux foyers d'incendie furent éteints à l'aube du 10 janvier, mais il était trop tard pour sauver le bateau, qui était trop endommagé pour rester à flot. Le célèbre paquebot roula sur le flanc et s'immobilisa dans 12 m d'eau. Les travaux de démantèlement commencèrent en 1974.

À droite : Malgré les efforts des pompiers, le paquebot chavira avant de s'immobiliser sur le fond des eaux du port.

LE *LEONARDO DA VINCI,* À LA SPEZIA

LE 3 JUILLET 1980

Le *Leonardo da Vinci*, luxueux paquebot de 33 340 tonnes brutes, fut construit pour remplacer l'*Andrea Doria*, qui avait connu un sort funeste en 1956. C'est sur les chantiers de l'Ansaldo SpA, à Gênes, que le *Léonardo da Vinci* fut construit. Il fut mis à flot au début du mois de décembre 1958.

Ce vaisseau était fort luxueux, avec cinq piscines et 30 salles décorées selon le style moderne italien. Il connut d'ailleurs un franc succès auprès des passagers quand il commença à naviguer entre Gênes et New York. Le *Leonardo da Vinci* servait aussi de bateau de croisière sur plusieurs des océans du monde. En juillet 1977, l'Italian Line Cruises International affréta le navire et le destina à de courtes croisières entre Port Everglades, en Floride, et Nassau, dans les Bahamas. Or ce projet fut un échec financier. Le navire fut renvoyé à La Spezia, remisé et mis en vente en 1978.

Le *Leonardo da Vinci* ne revit jamais la mer. Le 3 juillet 1980, un incendie éclaté dans sa chapelle s'étendit à l'ensemble du navire. Les services d'incendie de La Spezia ne parvinrent pas à maîtriser les flammes et le paquebot dut être remorqué à l'extérieur du port. Le navire pencha et chavira. On le redressa en mars 1981, mais, trop endommagé, il dut être démoli.

Ci-dessous :
Après avoir brûlé pendant trois jours, l'épave calcinée du Leonardo da Vinci repose sur le flanc dans le port de La Spezia.

LE *PRINSENDAM*, DANS L'OCÉAN PACIFIQUE

LE 4 OCTOBRE 1980

Ci-dessus : Un hélicoptère de la garde côtière américaine fait du surplace au-dessus du Prinsendam *brûlé, tandis qu'il est remorqué dans les eaux du golfe d'Alaska.*

À droite : Un canot de sauvetage rempli de rescapés du Prinsendam *enflammé. Tous furent secourus et débarqués dans des villages le long de la côte de l'Alaska.*

Le sort du *Prinsendam* montre bien que la perte totale d'un navire en mer n'entraîne pas nécessairement des pertes de vies. Lorsqu'un incendie éclata sur ce bateau, le capitaine et son équipage suivirent la procédure de rigueur, de sorte que tous les passagers et membres d'équipage furent évacués et secourus.

Construit sur les chantiers De Merwede de Rotterdam en 1972, le *Prinsendam* servit de navire de croisière jusqu'en 1980. Un premier incendie avait détruit les aires réservées aux passagers ainsi qu'une partie de la superstructure du bateau en 1973.

Une fois réparé, le navire fut envoyé en Extrême-Orient pour assurer des croisières en Indonésie. Cependant, ces circuits n'étant pas rentables, il fut réaffecté à des croisières à partir de Singapour et de Vancouver.

À la fin de 1980, le *Prinsendam* se trouvait à Vancouver. Au début d'octobre, il accueillit 300 passagers pour une croisière de 29 jours. Peu après minuit, le 4 octobre, alors que le navire cheminait dans le golfe d'Alaska, un incendie éclata dans l'un des principaux blocs-moteurs. L'équipage réagit rapidement en isolant le foyer d'incendie et en arrosant les flammes de dioxyde de carbone, ce qui aurait dû les étouffer. Mais il devint évident que l'incendie, au contraire, gagnait du terrain.

Ayant constaté la gravité de la situation, le capitaine envoya un signal de détresse peu après 1 h. La réponse fut rapide : des hélicoptères de la garde côtière américaine ainsi que le pétrolier géant *Williamsburgh* se précipitèrent au secours du vaisseau endommagé. Quant à l'équipage du *Prinsendam*, il redoubla d'ardeur pour arrêter la propagation des flammes, mais en vain : le feu avait occasionné une panne des circuits électriques du navire, ce qui fit chuter la pression d'eau essentielle à son travail. Le commandant du navire, le capitaine Wabeke, n'eut alors d'autre choix que de faire évacuer le navire, à 5 h 15.

Ci-dessous :
À bord du Prinsendam, *après que tous les passagers eurent été évacués. La peinture, écaillée et noircie par le feu, donne un indice de l'intensité des flammes qui ont fait rage sur le navire aux petites heures du matin.*

L'évacuation se déroula sans panique et les canots de sauvetage où s'étaient installés les passagers furent mis à la mer. Le capitaine et 50 volontaires décidèrent de rester à bord pour combattre l'incendie, mais ils ne purent pas faire grand-chose. Vers le milieu de l'après-midi, la situation étant devenue désespérée, ils abandonnèrent le *Prinsendam*. Tous les passagers et membres d'équipage furent secourus.

Le *Prinsendam* allait à la dérive. Le 7 octobre, le *Commodore Straits*, un remorqueur, tenta de touer le navire jusqu'à Portland. Cependant, les conditions météorologiques s'envenimaient et le *Prinsendam* gîtait davantage au fur et à mesure que l'assaillaient les eaux de la mer démontée. Sur les ponts, les incendies s'éteignirent le 10 octobre, mais ceux du dessous continuaient à faire rage. L'inclinaison du vaisseau s'aggrava et il devint clair, le matin du 11 octobre, que le *Prinsendam* était perdu. Le bateau coula à 8 h 35.

LE *REINA DEL MAR,* DANS LA MER MÉDITERRANÉE

LE 28 MAI 1981

Le *Reina del Mar* commença son existence en 1951 sous le nom d'*Ocean Monarch.* Il servit au sein de plusieurs compagnies de navigation et, en 1967, il fut rebaptisé *Varna,* avant d'être vendu à une compagnie grecque en 1978. Toutefois, un incendie ruina le navire avant que ses derniers propriétaires ne puissent le mettre à la mer.

C'est la compagnie maritime Furness Withy qui fit construire l'*Ocean Monarch* sur les chantiers britanniques de la Vickers Armstrong, en 1951, pour qu'il assure la liaison entre New York et les Bermudes. Sous le nom de *Varna,* le bateau fut ensuite la propriété d'une compagnie bulgare qui l'employa comme navire de croisière appareillant à partir de Montréal, au début des années 70. Puis, à compter de 1973, le bateau entama une brève carrière avec la compagnie Sovereign Cruises.

Le *Varna* n'effectua que deux croisières pour le compte de la Sovereign, qui le remisa jusqu'en 1978 puis le vendit à une compagnie grecque. Ses nouveaux propriétaires donnèrent le nom de *Rivera* au vaisseau, qu'ils destinaient à un brillant avenir. Leurs projets, toutefois, furent lents à démarrer. En 1981, le navire reçut encore un nouveau nom, *Reina del Mar.* Les propriétaires annoncèrent que le *Reina del Mar* ferait des croisières en Méditerranée plus tard la même année.

Mais il fallait d'abord que le vaisseau soit rénové. Durant les travaux, le 28 mai, un incendie éclata dans la salle des chaudières et s'étendit rapidement, dévastant les aires réservées aux passagers. Comme il constituait une menace pour les autres bateaux, le *Reina del Mar* fut remorqué jusqu'à un endroit sûr. Mais finalement il chavira et coula dans le port de Perama le 31 mai.

Ci-dessus : Le Reina del Mar *mouillant à Southampton en mai 1974, sept ans avant l'incendie qui allait causer sa perte.*

LE *LAVIA*, À HONG KONG

LE 7 JANVIER 1989

Il semble que le processus du rééquipement puisse être dangereux pour un navire. Comme ce fut le cas pour le *Reina del Mar*, l'incendie qui mit fin à l'existence du *Lavia* se déclara pendant que le bateau était amarré dans un port où on le soumettait à des rénovations.

D'abord nommé *Media*, le navire avait été construit à Glasgow sur les chantiers maritimes John Brown and Company pour le compte de la Cunard Line. Équipé de deux hélices et de deux turbines à vapeur, le *Media* fut le premier paquebot construit pour les parcours transatlantiques après la Seconde Guerre mondiale.

Le *Media* commença à naviguer entre Liverpool et New York en août 1947. Toutefois, l'avènement du transport rapide par jet, à la fin des années 50, était en train de mettre un terme à l'ère des grands paquebots transatlantiques. Le *Media*, qui était trop lent d'autre part pour concurrencer les nouveaux cargos, en était à la fin d'une carrière qui allait se terminer en catastrophe.

Le bateau fut vendu au début des années 60 à la compagnie de navigation italienne Codegar. Ses nouveaux propriétaires le réaménagèrent, à Gênes, pour qu'il puisse accueillir 1320 passagers en classe touriste. Rebaptisé *Flavia*, le paquebot fut affecté aux lucratifs secteurs des croisières autour du monde et du

Ci-dessous : Les grandes quantités d'eau employées pour éteindre l'incendie firent chavirer le Lavia. *Il fut mis ensuite à la ferraille.*

Ci-dessus : Le Lavia, *fumant, dans le port de Hong Kong, un bateau-pompe à ses côtés.*

transport d'émigrants vers l'Australie. Mais cette bonne fortune n'allait pas durer.

Lorsque la compagnie de navigation Costa acheta la Codegar, en 1968, le *Flavia* se mit à naviguer entre la Floride et diverses îles des Antilles jusqu'en 1982. Mais le bateau montrait des signes de vieillissement et ses turbines devenaient de moins en moins efficaces. La Virtue Shipping Company de Hong Kong en fit alors l'acquisition dans l'intention de le convertir en casino des mers. Mais le bateau ne fut pas plus populaire, même après avoir reçu le nouveau nom de *Flavian*, et il demeura le plus souvent amarré dans le port de Hong Kong.

La Virtue Shipping entreprit en 1986 de rénover le navire. Elle changea aussi son nom une dernière fois, le rebaptisant *Lavia*. Or les travaux ne furent jamais complétés. En janvier 1989, des ouvriers perdirent la maîtrise d'un feu qu'ils avaient allumé, et les flammes se répandirent dans les cabines du navire. Comme le *Lavia* était amarré dans le port, les services d'incendie furent vite sur les lieux. Quatre bateaux-pompes et 250 pompiers de Hong Kong s'attaquèrent aux flammes, mais le navire était déjà très endommagé et les grandes quantités d'eau accumulées sur le bateau amenèrent le *Lavia* à rouler sur son côté et à chavirer.

Il n'y eut aucun blessé, mais le *Lavia* était perdu ; il fut remis à flot et remorqué jusqu'à Taiwan pour y être démoli.

LE *SCANDINAVIAN STAR*, DANS LA MER BALTIQUE

LE 7 AVRIL 1990

Il est rare qu'un navire soit la cible d'un pyromane, comme dans l'incendie qui détruisit le *Scandinavian Star*, un traversier de 10 513 tonnes pouvant transporter 810 passagers. Cet événement conduisit au resserrement des règlements internationaux en matière de sécurité sur les bateaux de passagers.

Le *Scandinavian Star* avait été construit en 1971 à Nantes, en France, et il avait été employé sur un bon nombre de parcours avant d'être affrété par la compagnie de navigation danoise Da-No. Il naviguait entre Frederikshaven et Oslo.

Des passagers rapportèrent que le pyromane avait frappé deux fois. Le premier incendie avait été éteint. Mais le deuxième se propagea rapidement et fut impossible à maîtriser. Quatre autres traversiers et quelques cargos se précipitèrent à la rescousse du *Scandinavian Star* en péril et secoururent bon nombre de passagers et de membres de l'équipage.

On n'apprendra jamais le nombre exact des victimes, puisque les listes d'embarquement ont brûlé et que, de toute façon, plusieurs enfants n'avaient pas été enregistrés. L'événement suscita toutefois plusieurs interrogations quant aux mesures de sécurité en place sur le traversier : les extincteurs automatiques n'avaient pas fonctionné et plusieurs canots de sauvetage n'avaient pu être mis à la mer. Par ailleurs, le fait qu'il y avait à bord des représentants de plusieurs nationalités avait occasionné de sérieux problèmes de communication. Dans la confusion et la panique qui suivirent, plusieurs en vinrent aux mains pour échapper au navire en flammes.

Le *Scandinavian Star* fut remorqué jusqu'à Lysekil. Plus tard, le navire gagna Southampton et fut vendu aux partenaires de l'International Shipping en 1994. Il reçut finalement le nom de *Regal Voyager* et fut converti en cargo en Italie.

Ci-dessous : Le Scandinavian Star, *encore fumant, dans le petit port de Lysekil, où il fut remorqué après la catastrophe.*

L'ACHILLE LAURO, DANS L'OCÉAN INDIEN

LE 30 NOVEMBRE 1994

À gauche : Le paquebot italien Achille Lauro *en feu à 160 km au large de la côte somalienne.*

L'*Achille Lauro* se range sans doute parmi les navires les plus malchanceux de toute l'histoire. En 1971, il avait percuté un bateau de pêche, faisant un mort parmi les membres d'équipage. En 1981, deux passagers moururent alors qu'ils essayaient d'échapper à un incendie qui faisait rage sur le bateau. En 1985 enfin, le navire avait été détourné par des Palestiniens et l'un des passagers, un infirme, avait été assassiné.

Il avait fallu près de 10 ans pour construire l'*Achille Lauro*, un navire de 23 629 tonnes brutes. La Seconde Guerre mondiale avait interrompu les travaux, mais la construction fut achevée en 1947 pour le compte de la compagnie de navigation Royal Rotterdam Lloyd. Sous son nom d'origine, *Wilhem Ruys*, l'*Achille Lauro* avait parcouru la route entre les Pays-Bas et les Indes orientales avant d'être réaffecté, en 1959, aux tours du monde. Vers le milieu des années 60, le vaisseau transporta des émigrants européens en Australie. Il fut acheté finalement par la compagnie Star Lauro de Naples, qui le destina aux croisières.

Le 30 novembre 1994, l'*Achille Lauro* croisait au large de la Corne de l'Afrique avec 1000 passagers à bord lorsqu'un incendie éclata. Celui-ci se propagea rapidement, forçant les passagers et l'équipage à s'embarquer dans les canots de sauvetage.

Le navire pencha sur sa gauche tandis que les flammes, pendant 48 h, continuèrent à faire rage. Alors qu'un remorqueur essayait d'y jeter le grappin, le bateau fut secoué par une explosion et coula. On recensa deux morts.

À gauche : Des survivants de l'Achille Lauro débarquant du croiseur américain USS Gettysburgh *à Djibouti.*

EXPLOSIONS

Ce chapitre s'intéresse à certains cas de navires qui ont coulé à la suite d'une explosion. Nombre d'explosions sont dues à des actions militaires, c'est pourquoi cet ouvrage ne tient pas compte des trop nombreux combats navals concernant de véritables bateaux de guerre. Il sera toutefois question du *Lusitania*, qui coula en 1915, bien que l'on débatte encore du rôle réel tenu par ce paquebot au cours de la Première Guerre mondiale.

Cependant, c'est en temps de guerre ou un peu avant qu'une guerre ne soit déclenchée que la plupart des explosions relatées ici ont eu lieu. Ainsi en est-il de la perte du cuirassé *USS Maine*, qui servit en fait de prétexte aux États-Unis lorsqu'ils déclarèrent la guerre à l'Espagne, en 1898. La plupart des autres vaisseaux perdus en temps de guerre à la suite d'une explosion furent les victimes de mines ou, ce qui est plus fréquent, de torpilles. D'autres encore doivent leur malheur au type de cargaison qu'ils transportaient.

L'exemple le plus évident fut sans doute celui du *Mont-Blanc*, qui était chargé à bloc de TNT. C'est une collision qui entraîna, en 1917, la détonation de la cargaison et la destruction d'une bonne partie du port canadien de Halifax. Un événement similaire, quoique survenu en temps de paix, ruina en partie Texas City en 1947. Bien sûr, la proportion de navires transportant des cargaisons dangereuses est plus importante en temps de guerre, mais de pareilles situations existent aussi en temps de paix.

Le transport de certains produits chimiques et d'autres matières dangereuses fait l'objet de sauvegardes et de règlements rigoureux. S'il est vrai que ces règlements sont peu observés en temps de guerre, aucun responsable de cargo n'a les moyens de les ignorer ou d'essayer de les déjouer en temps de paix. Mais des accidents surviennent quand même et ils mènent parfois à des explosions en mer. Seule une constante vigilance peut diminuer leur incidence.

À droite : Le USS Maine, *qui mouillait dans le port de La Havane, à Cuba, quand il fut détruit par une explosion en février 1898. Cet événement amena les États-Unis à déclarer la guerre à l'Espagne.*

LE *USS MAINE*, À LA HAVANE

LE 15 FÉVRIER 1898

Personne ne sait exactement ce qui causa l'explosion qui fit couler le *USS Maine*, un cuirassé américain de 6682 tonnes. Ce qui est certain, c'est que le naufrage du bateau de guerre, le 15 février 1898, entraîna la mort de 258 soldats et de 3 officiers. Il s'agissait à ce moment-là des pires pertes en vies humaines jamais subies par la US Navy en temps de paix.

Le *Maine* était à l'ancre dans le port de La Havane, à Cuba (qui était une colonie espagnole à l'époque), dans le but de protéger les ressortissants américains, vu l'instabilité qui régnait alors sur l'île de Cuba, et de les évacuer au cas où les combats entre les Espagnols et les insurgés cubains s'aggraveraient. Bien que les États-Unis eussent exprimé leur sympathie à l'endroit des insurgés, il n'y eut pas d'hostilités entre Américains et Espagnols lorsque le *Maine* entra dans le port de La Havane le 25 janvier.

Les deux parties observèrent les formalités diplomatiques, et le *USS Maine* échangea des saluts militaires avec les navires espagnols qui étaient à l'ancre. Le commandant du *Maine*, le capitaine Charles Sigsbee, était tout à fait conscient de la délicatesse de sa mission et il prit des mesures pour assurer la sécurité de son navire : il fit poster des sentinelles et entretenir les deux chaudières à vapeur de son navire plutôt qu'une seule, au cas où il aurait à s'échapper rapidement. Il prépara aussi des munitions pour l'armement secondaire du cuirassé et il surveilla de très près tous les visiteurs.

Peu après que le capitaine Sigsbee se fut retiré dans sa cabine, à 20 h 30, le *Maine* fut secoué par une explosion si violente qu'elle fracassa le groupe moteur du vaisseau et fit voler des vitres en éclats dans La Havane. Des officiers rapportèrent qu'il y eut une seconde explosion quelques instants après la première. Sigsbee décida alors d'inonder les munitions du bateau pour prévenir une autre explosion, mais l'équipage lui annonça que l'eau avait commencé à envahir le navire et que les munitions étaient déjà noyées. Un incendie faisait rage aussi dans un mess situé vers le centre du navire. Aussi, quand il apprit que le dépôt d'armes situé à l'avant du bateau était menacé par les flammes, le capitaine Sigsbee donna-t-il l'ordre d'évacuer le bateau. Quand on fit l'appel un peu plus tard, il ne restait que 94 survivants, dont 55 étaient blessés.

Les enquêteurs crurent d'abord qu'un dépôt d'armes avait explosé accidentellement, mais les autorités américaines, qui cherchaient une excuse pour déclarer la guerre à l'Espagne, se servirent de l'événement comme prétexte pour le faire. Après avoir reçu les rapports des plongeurs qui avaient examiné les décombres, les enquêteurs conclurent qu'une mine sous-marine était à l'origine de la catastrophe. Ces conclusions furent confirmées en 1911 quand le *Maine* fut redressé.

Le naufrage du *Maine* excita l'opinion publique américaine contre l'Espagne. Le 29 avril 1898, le Congrès américain déclara la guerre à celle-ci, et le conflit hispano-américain, qui allait se solder par une victoire américaine, s'engagea.

Ci-dessous :
L'épave du USS Maine, *qui avait été détruit par une explosion dans le port de La Havane en février 1898.*

LE *LUSITANIA*, DANS L'OCÉAN ATLANTIQUE
LE 7 MAI 1915

Le naufrage du *Lusitania* fut l'un des événements qui conduisirent les États-Unis à déclarer la guerre à l'Allemagne, en 1917. Le *Lusitania* était le premier grand paquebot de la célèbre Cunard Line et son avenir semblait rayonnant, en 1909, quand il remporta le Ruban Bleu, attribué au navire ayant effectué la plus rapide traversée de l'Atlantique.

Même s'il était d'abord un paquebot de grand luxe, le *Lusitania* avait un potentiel beaucoup plus large. Ses concepteurs avaient travaillé en étroite collaboration avec l'Amirauté britannique. Celle-ci, prévoyant qu'une guerre avec l'Allemagne était presque inévitable, demanda à la Cunard de bâtir un navire

rapide et conçu de telle façon qu'il puisse au besoin être armé. Ainsi, en mai 1913, le *Lusitania* fut secrètement réaménagé : ses ponts couverts à bâbord et à tribord furent modifiés pour qu'ils puissent accueillir deux batteries de quatre canons chacune. On fit de la place aussi pour deux magasins à munitions. La guerre fut déclarée en août 1914, et à la mi-septembre, l'Amirauté britannique désigna le *Lusitania* comme croiseur armé auxiliaire.

En tant que paquebot, le *Lusitania* continua à naviguer entre Liverpool et New York, et ce, en dépit de la déclaration allemande selon laquelle les eaux entourant la Grande-Bretagne constituaient une zone de guerre et que tout bâtiment britannique s'y trouvant était susceptible d'être coulé.

Ci-dessus : Le premier des grands paquebots de la Cunard Line, le Lusitania, *appareilla de Liverpool pour son voyage inaugural le 7 septembre 1907.*

À gauche : *Les salles de première classe du Lusitania, telles que le salon montré ici, étaient décorées dans l'opulent style edwardien pour donner aux passagers l'impression qu'ils se trouvaient en sécurité dans un hôtel de grand luxe.*

Son dernier voyage commença le 1er mai 1915. Il naviguait de New York à Liverpool avec plus de 1150 passagers, 700 membres d'équipage et 1400 tonnes de cargaison « ordinaire » à bord. Les cales du navire étaient chargées de 1200 caisses d'obus d'artillerie et de près de 5000 boîtes de cartouches. L'essentiel de ce chargement se trouvait près de la cloison menant à la première chambre des chaudières, qui avait été convertie en magasin à munitions en 1913.

Le commandant du navire, le capitaine William Turner, ne rencontra aucune difficulté durant la première partie du voyage de retour vers Liverpool. Toutefois le

À gauche : *La salle à manger de première classe du Lusitania.*

Ci-dessus :
Le Lusitania
coula moins de
20 min après
avoir été frappé
par une torpille.
Près de 1200 per-
sonnes sont
mortes.

À droite : La
moitié des canots
de sauvetage du
Lusitania *ne*
purent être mis
à la mer. Dans les
canots qui
restaient, il n'y
eut pas assez de
place pour tous
ceux qui étaient
à bord.

6 mai, l'Amirauté, à Londres, commença à lancer des avertissements concernant la présence de sous-marins allemands dans la mer d'Irlande, par où le *Lusitania* devait passer pour rejoindre son port d'attache. Turner mit alors en branle les mesures de sécurité convenues.

Le 7 mai, le capitaine Walter Schwieger, du sous-marin allemand *U-20*, aperçut le *Lusitania* près de la Old Head of Kinsale. Au lieu de zigzaguer, le paquebot naviguait en ligne droite, ce qui était inhabituel. Peu après 14 h, le *U-20* déchargea une torpille qui atteignit le *Lusitania* sur son côté de tribord, près de la passerelle de commandement et non loin de la cloison qui menait à la première chambre des chaudières. L'eau se mit à envahir les cales à charbon de tribord et le paquebot commença à donner de la bande. Une deuxième explosion secoua ensuite le *Lusitania*, causée cette fois par la détonation du chargement de munitions.

Il y eut peu de panique parmi les passagers, même si le navire gîtait si sérieusement qu'il était devenu impossible, sur ce côté-là, de mettre à la mer les canots de sauvetage. Ce n'est que lorsqu'ils se dépêchèrent de gagner l'autre côté du navire que les passagers se rendirent compte qu'il ne restait pas assez de canots pour tout le monde. Le *Lusitania* coula moins de 20 min après la première explosion et 700 personnes périrent ; seulement 298 membres d'équipage survécurent à cette tragédie. Parmi les morts, il y avait 124 citoyens américains.

Les gouvernements américain et britannique menèrent des enquêtes à la suite desquelles le US

Ci-dessus :
Vingt ans après le
naufrage, on
trouva l'épave du
Lusitania. *Elle fut*
photographiée sur
le fond marin
par un plongeur
américain.

Board of Inquiry déclara que les pertes étaient attribuables à des actes illégaux de la part du gouvernement impérial allemand. Ce à quoi les autorités allemandes répondirent que le *Lusitania* avait été prévenu des dangers de navigation dans les eaux irlandaises et que le paquebot était un croiseur auxiliaire transportant des fournitures de guerre ainsi que, ce qui était plus étonnant, des troupes canadiennes.

La Grande-Bretagne concéda que le paquebot avait été converti pour transporter des armes, mais elle affirma qu'il n'en portait pas au moment où il avait été coulé. Les survivants affirmèrent n'avoir rien remarqué qui pût laisser croire que le navire était armé ou qu'il transportait des troupes canadiennes. Il fut plus tard suggéré que le gouvernement britannique avait activement souhaité la destruction du *Lusitania*, se doutant que la perte de vies américaines allait entraîner les États-Unis dans la guerre contre l'Allemagne. Mais aucune preuve n'est venue appuyer cette théorie.

L'ANCONA, DANS L'OCÉAN ATLANTIQUE

LE 8 NOVEMBRE 1915

Les paquebots qui naviguent en temps de guerre courent des risques, plus particulièrement si le pays auquel ils sont rattachés est engagé dans le conflit. Ce qu'il y a de tragique dans le naufrage du paquebot italien *Ancona*, qui fut coulé par un sous-marin allemand, c'est que l'Italie n'était pas en guerre avec l'Allemagne en 1915, au moment de l'agression.

L'*Ancona* appartenait à la compagnie génoise Italia Società di Navigazione a Vapore. Il leva l'ancre à Naples à destination de New York le 6 novembre 1915. Le 8 novembre, un sous-marin naviguant sous les couleurs de l'Autriche, mais qui était en fait allemand, aperçut l'*Ancona*. Il s'en rapprocha discrètement après l'avoir pris en chasse. Le capitaine du sous-marin, au lieu de permettre aux passagers et aux membres d'équipage de s'enfuir, décida plutôt de torpiller sur-le-champ le navire sans défense.

L'*Ancona* fut touché vers 13 h. Le navire coula rapidement après que son capitaine l'eut fait évacuer. La plupart des personnes à bord réchappèrent de cette agression, mais il y eut quand même 194 morts. C'est un navire de guerre français, le *Pluton*, qui se porta au secours des survivants.

Parmi les morts, on compta 11 ressortissants américains, et leur gouvernement demanda des explications à l'Autriche. C'est à ce moment qu'il devint clair que le sous-marin appartenait en fait à l'Allemagne. Il s'agissait du *U-38*. Cet événement contribua à durcir l'opinion américaine contre l'Allemagne.

Ci-dessus :

Le paquebot italien Ancona, *qui fut torpillé et coulé par un sous-marin allemand en novembre 1915.*

LE *MONT-BLANC*, À HALIFAX

LE 7 DÉCEMBRE 1917

Cette catastrophe se range sûrement parmi les pires tragédies maritimes du XXe siècle. Bien qu'elle soit survenue pendant la Première Guerre mondiale, la destruction du *Mont-Blanc* n'est en aucune façon imputable à une quelconque intervention ennemie.

Le *Mont-Blanc*, un cargo français, était parti de New York au début du mois de décembre 1917 avec une cargaison de TNT, de benzène, d'acide picrique et de coton-poudre, une combinaison de produits instable et potentiellement dangereuse. Le bateau arriva dans le port de Halifax à 9 h le matin du 6 décembre.

Halifax est un port à eaux creuses naturelles qui s'étend sur plusieurs kilomètres. En largeur, il fait presque 2 km, mais il s'étrécit en un point jusqu'à un peu moins de 1 km. Tandis qu'un pilote guidait le *Mont-Blanc* à travers ce passage plus étroit, des membres d'équipage aperçurent un cargo belge, l'*Imo*, qui s'en venait droit sur eux. Ce navire aurait dû passer à tribord du *Mont-Blanc*, mais il fit le contraire. Le capitaine du *Mont-Blanc* tira sur son gouvernail pour éviter l'autre navire, mais il était trop tard et l'*Imo* heurta le *Mont-Blanc* en cet endroit de sa cale qui contenait l'acide picrique.

L'*Imo*, en reculant, parvint à se dégager de la coque du *Mont-Blanc*, mais il était devenu impossible à diriger. Sur le *Mont-Blanc*, un incendie éclata, et l'équipage évacua le navire qui dériva en direction de Halifax. Des habitants mis au courant de la dangereuse cargaison du navire se sauvèrent en courant. Un groupe d'hommes rattachés au croiseur britannique *High Flyer* tentèrent de se rapprocher du cargo embrasé pour le faire échouer, mais comme ils s'approchaient en canot, le navire explosa.

L'explosion fut colossale. On établit plus tard qu'avec les flammes qui suivirent, l'explosion avait rasé la moitié de Halifax. Nombre de personnes sont mortes à la gare, qui fut complètement démolie. Les maisons des dockers, tout autour du port, s'écrasèrent comme des châteaux de cartes, enterrant tous ceux qui se trouvaient à l'intérieur.

L'incendie se propagea rapidement, engloutissant au passage Dartmouth et Richmond. Par ailleurs, un autre navire transportant des munitions, le *Pictou*, était amarré dans le port. Il échappa comme par miracle à la destruction générée par le *Mont-Blanc* et, par chance, il fut inondé, ce qui empêcha une éventuelle explosion de sa cargaison.

Ci-dessous :
L'Imo échoué dans le port enclavé de Halifax, après l'explosion du Mont-Blanc.

À droite : La gare de Halifax, ruinée par l'explosion.

Le bilan de l'explosion du *Mont-Blanc* fut inouï. Des quartiers entiers furent détruits et, à la fin de la journée, 25 000 personnes se trouvaient sans logis, au beau milieu de l'hiver. On estima entre 2000 et 3000 le nombre des morts, et quelque 8000 personnes durent recevoir des soins divers.

À droite :
Le souffle de l'explosion rasa la plupart des maisons de bois de Halifax. Certaines s'effondrèrent, écrasant ceux qui se trouvaient à l'intérieur.

LE *WILHELM GUSTLOFF*, DANS LA MER BALTIQUE

LE 30 JANVIER 1945

Le *Wilhelm Gustloff* avait été construit par Blohm and Voss, à Hambourg. C'est le Parti nazi qui mit le navire en service, en 1938, dans le cadre de sa campagne « La force par la joie ». Le paquebot fut d'ailleurs nommé ainsi en l'honneur d'un leader nazi suisse qui avait été assassiné en 1936. Le navire était destiné à offrir aux ouvriers allemands des croisières à prix modique.

La Seconde Guerre mondiale éclata avant que le *Wilhelm Gustloff* ne devienne un navire de croisière, et le bateau fut plutôt réquisitionné par l'armée allemande, qui l'employa dans la mer Baltique pour le transport des troupes et en tant que navire-hôpital. En 1945 le *Gustloff*, comme plusieurs autres navires, servait de bateau de secours pour l'évacuation massive des troupes et des réfugiés qui fuyaient les ports de la Baltique, assiégés par l'Armée rouge.

Ci-dessus : Le Wilhelm Gustloff *fut mis à flot le 5 mai 1938, en présence d'Adolf Hitler.*
À gauche : Bien qu'il eût été destiné à être un bateau de croisière, le Wilhelm Gustloff *ne remplit jamais ce rôle.*

À midi, le 30 janvier, le *Gustloff* appareilla du port de Gdynia, en Pologne, bondé de 6000 réfugiés et militaires blessés. Juste après 21 h, le navire fut touché par trois torpilles lancées par un sous-marin soviétique, et il coula presque immédiatement. Seules quelque 500 personnes survécurent. Le chiffre exact des morts n'est pas connu, mais il doit osciller autour de 5500, ce qui fait de cette tragédie la plus meurtrière de l'histoire de la navigation.

LE *GRAND CAMP*, À TEXAS CITY

LE 16 AVRIL 1947

Quand ils accueillent des navires transportant des cargaisons explosives ou combustibles, les ports peuvent devenir des endroits dangereux. Et si des navires y sont amarrés, un incendie qui éclate peut facilement provoquer une réaction en chaîne. C'est ce qui arriva lors de la terrible catastrophe de Texas City en 1947. Un incendie qui s'était déclaré sur le cargo français *Grand Camp* déclencha une explosion qui détruisit plusieurs autres navires ainsi qu'une usine chimique, ruinant environ 90 % de Texas City, l'un des ports les plus importants du golfe du Mexique. La Croix-Rouge rapporta 800 morts, mais ce nombre est probablement fort en deçà de la réalité. La catastrophe fut à ce point sérieuse qu'on déclara l'endroit zone sinistrée.

Le port de Texas City était un important terminus pour les pétroliers. Or la cargaison du *Grand Camp* — du nitrate d'ammonium, un solide cristallin hautement combustible utilisé dans la fabrication de fertiliseurs et d'explosifs — était potentiellement beaucoup plus dangereuse que celles de ce type de bateau.

L'incendie qui éclata sur le *Grand Camp*, au petit matin du 16 avril, se propagea si rapidement que l'équipage n'eut pas le temps d'alerter les autorités du port. Le feu, qui avait pris une très forte emprise sur le vaisseau, alluma le nitrate d'ammonium qui se trouvait

Ci-dessous : Des trombes géantes d'une fumée noire et toxique assombrissent encore le ciel au-dessus du port de Texas City, au lendemain de l'explosion du Grand Camp et de sa cargaison de nitrate d'ammonium.

À droite : Des femmes s'age-nouillent pour prier dans les décombres de l'église catholique de Texas City. Environ 90 % de la ville fut détruite à la suite de la série d'explosions que déclencha le Grand Camp.

Ci-dessous : Des postes d'urgence furent improvisés pour administrer les premiers soins aux victimes de l'explosion.

dans ses cales. Le produit chimique se vaporisa, ce qui provoqua une explosion énorme qui annihila le *Grand Camp* et qui éparpilla dans les airs et partout dans le port des débris enflammés. Ceux-ci atterrirent sur des bâtiments ainsi que sur plusieurs des quelque 50 pétroliers qui étaient en train de s'y ravitailler. Ces pétroliers s'embrasèrent eux aussi, dispersant des flammes bien au-delà du port. D'épais nuages d'une fumée âcre et toxique recouvrirent bientôt toute la ville.

Le feu se propagea encore et atteignit l'usine chimique. Les pompiers et les services d'urgence de la ville s'efforcèrent en vain de contenir l'incendie qui fit rage pendant plusieurs jours. Au lendemain de l'explosion initiale, le *High Flyer*, un autre cargo, explosa lui aussi, ce qui aggrava encore la dévastation.

La ville de Texas City fut en grande partie ruinée. La première explosion avait aplati plusieurs de ses édifices en bois ou en briques et l'incendie qui suivit en acheva d'autres. La détonation aurait provoqué l'écrasement d'un petit avion qui survolait le port à ce moment-là. Et la déflagration fut d'une puissance telle qu'elle fit voler en éclats des fenêtres jusqu'à 15 km du point d'origine.

Il fallut plusieurs années et des millions de dollars pour rétablir Texas City parmi les principaux ports du golfe du Mexique.

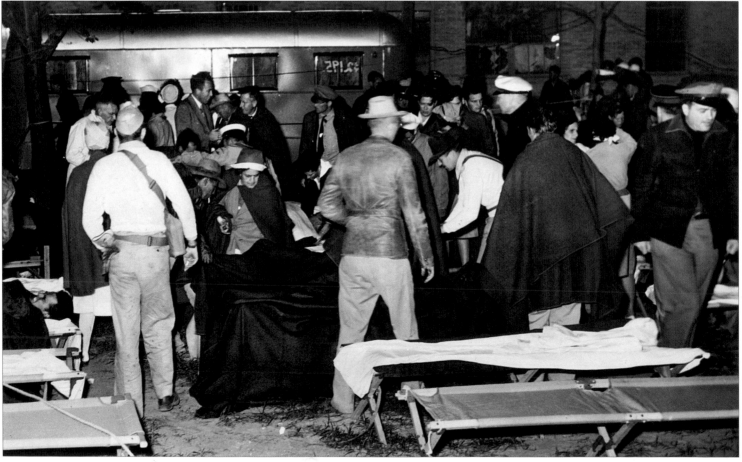

LE *DARA*, DANS LE GOLFE PERSIQUE

LE 8 AVRIL 1961

I arrive que les terroristes s'attaquent à des bateaux. Initialement, on n'attribua pas au sabotage le naufrage, dans le golfe Persique, du *Dara*, qui coula à la suite d'une explosion et d'un incendie. Ce sont des plongeurs qui découvrirent les traces d'une bombe lorsqu'ils inspectèrent l'épave du bateau. Le dispositif avait explosé dans un passage situé juste au-dessus de la salle des machines, ce qui déclencha des incendies en plusieurs endroits du navire.

Le *Dara* leva l'ancre pour son dernier voyage le 23 mars 1961. Le capitaine Elson, commandant du navire, avait 600 passagers à bord pour le voyage d'aller jusqu'à Basra, qui se passa sans incident. Au retour, le navire s'arrêta à Korramshahr, au Koweït et au Bahreïn, avant d'arriver, le 7 avril, à Dubai. Après que de nouveaux passagers furent montés à bord, le navire sortit du port de très bonne heure. Les conditions météorologiques dépérissaient, emmenant de très forts vents et de la grêle, et il fut décidé que le navire serait plus en sécurité au large. Lorsque la météo s'améliora, dans la matinée du 8 avril, le capitaine remit le cap sur Dubai.

Mais à 4 h 45, une violente explosion secoua le navire, laissant les moteurs et les systèmes de pilotage en panne. Apeurés, les passagers et l'équipage commencèrent à évacuer le bateau. Certains se jetèrent littéralement dans les eaux du golfe. Par chance, un navire de débarquement, l'*Empire Guillemot*, croisait dans les environs. L'équipage ayant aperçu les flammes, il envoya un signal de détresse et se précipita au secours du paquebot.

Trois frégates britanniques arrivées sur les lieux parvinrent à éteindre l'incendie. Même si 580 personnes furent sauvées, 241 autres trouvèrent la mort dans cette tragédie. Quant au *Dara*, on essaya de le remorquer jusqu'à bon port, mais il coula le 10 avril.

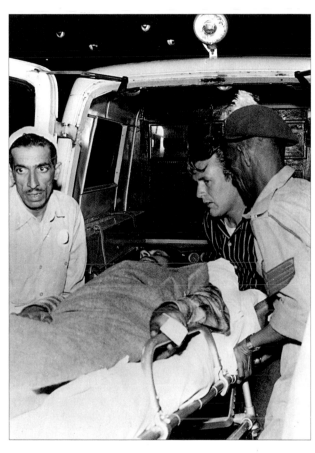

À gauche : Un rescapé du Dara *est transféré dans une ambulance après qu'un navire de secours l'eut descendu sur la terre ferme.*

À gauche : Le paquebot britannique Dara, *qui avait appartenu à la compagnie de navigation British India Steam, se trouvait dans le golfe Persique quand une explosion le mit en péril.*

ERREURS HUMAINES

Personne n'est infaillible, mais on s'attend généralement à ce que les gens chargés de transporter des passagers ou des marchandises dangereuses le soient. Les capitaines de navire ont une double responsabilité : la sécurité des passagers et de l'équipage à bord, d'une part, et celle de la cargaison, d'autre part. On attend des officiers de marine qu'ils soient hautement compétents et expérimentés et qu'ils connaissent leur travail à fond sans négliger le moindre détail. Quant aux navires, ce sont bien plus que des machines sophistiquées. Ce sont aussi de petites communautés qui comptent, comme sur la terre ferme, sur des êtres humains dont les habiletés et les faiblesses varient.

Il arrive bien sûr que les marins commettent des erreurs. Elles sont dues à la paresse, à un moment d'inattention, à de la négligence ou encore à la violation pure et simple d'une norme de sécurité. Le plus souvent, une erreur ayant mené à une tragédie engendre un sincère repentir chez celui qui l'a commise. Dans l'un des cas relatés ici, un capitaine s'est suicidé après avoir causé le naufrage de son bateau.

Mais il existe aussi des situations où une commission d'enquête doit traîner le responsable en justice. Les investigations minutieuses de la cause d'une catastrophe, les analyses scientifiques et une détermination obstinée de connaître la vérité font en sorte que les coupables échappent rarement à la justice. Ceux-ci, par ailleurs, ne se trouvent pas nécessairement au sein des équipages des navires. Il arrive aussi que les hauts responsables des compagnies de navigation doivent répondre à des accusations concernant leur conduite ou leurs décisions d'affaires. À l'heure actuelle, le principal sujet de tension vient de ce que les navires issus de certains pays, habitués à des comportements plus relâchés, n'observent pas les normes de sécurité navale plus strictes en vigueur dans d'autres pays.

À droite : À la suite de la catastrophe de l'Exxon Valdez, dans laquelle 50 millions de litres de pétrole brut furent déversés à Prince William Sound, en Alaska, de massives opérations de nettoyage furent mises en branle pour tenter de sauver la faune locale. Les secours arrivèrent toutefois trop tard pour ces loutres de mer recouvertes de pétrole.

LE *HMS VICTORIA*, DANS LA MER MÉDITERRANÉE

LE 22 JUIN 1893

La perte du *HMS Victoria* en 1893 demeure la pire catastrophe maritime jamais subie en temps de paix par la British Royal Navy. Le *Victoria*, un vaisseau de 10 740 tonnes mis à la mer en 1887, était en quelque sorte un navire expérimental. Au moment du naufrage, ce bâtiment de guerre était armé de deux canons pesant chacun 111 tonnes.

La perte du *Victoria* est pour une large part attribuable au mauvais jugement d'un homme, le vice-amiral Sir George Tyron. Celui-ci, qui était à l'époque le commandant en chef de la flotte de la Royal Navy en Méditerranée, était un officier fort expérimenté, et il avait acquis une réputation d'expert en combats navals.

Le jour de son naufrage, le *Victoria* agissait en tant que vaisseau amiral. Tyson avait divisé la flotte en deux et il faisait exécuter des manœuvres. Les deux vaisseaux en cause, le *HMS Victoria* et le *HMS Camperdown*, étaient chacun à la tête de leur demi-flotte respective. Tyron avait ordonné que les deux groupes de navires se dirigent l'un sur l'autre, ce à quoi obéirent les capitaines des deux vaisseaux amiraux. Il était toutefois évident pour ceux qui assistaient à la scène que les deux bateaux étaient beaucoup trop proches l'un de l'autre pour ne pas entrer en collision en exécutant la manœuvre.

Les deux navires se frappèrent et le *Victoria* coula avec 359 hommes, y compris le commandant Tyron. Les autres vaisseaux de la flotte parvinrent néanmoins à secourir 284 marins.

Ci-dessous : Le HMS Victoria, *vaisseau amiral de la flotte de la Royal Navy en Méditerranée, en train de couler après être entré en collision avec le* HMS Camperdown *alors que les deux navires s'adonnaient à des manœuvres au large de Tripoli.*

LE *GENERAL SLOCUM*, À NEW YORK

LE 15 JUIN 1904

Tout naufrage entraînant des pertes de vies humaines est une tragédie, mais celui du navire à aubes *General Slocum*, qui fut une véritable hécatombe, eut un impact particulièrement dramatique sur le peuple américain, le navire étant bondé de New-Yorkais fuyant la chaleur de la ville pour aller pique-niquer à la campagne. Parmi les passagers, il y avait un groupe nombreux d'écoliers de St. Mark's, accompagné d'instituteurs et des parents des enfants.

Le *General Slocum*, qui était un gros bateau, était bondé quant il partit de New York. Il avait été nolisé pour se rendre jusqu'à Throg's Neck, une destination populaire pendant les belles journées d'été. Personne à bord ne pouvait se douter de la catastrophe qui allait survenir tandis que le navire, sous le commandement du capitaine van Schaick, descendait paisiblement l'East River. La plupart des passagers admiraient l'horizon de New York, profitant de la brise rafraîchissante qui accompagnait le navire sur la rivière.

Les versions des témoins divergèrent quant à l'endroit exact où l'incendie avait pris naissance, mais tous soutinrent qu'il se déclencha sous les ponts. Certains affirmèrent que l'incendie s'était déclaré dans la cambuse du navire, à partir d'un poêle. D'autres dirent qu'il avait commencé dans une resserre à peinture. Quoi qu'il en soit, les flammes se propagèrent très rapidement d'un bout à l'autre du vaisseau en bois.

En quelques minutes seulement, le navire se trouva en péril, mais les membres d'équipage affectés à combattre l'incendie s'acharnèrent à leur tâche impossible pendant presque 1 h. Le navire ne put pas être sauvé et les occupants firent face à un terrible dilemme : rester sur le *Slocum* en espérant que les flammes se résorbent ou tenter leur chance dans les eaux de l'East River. Parmi ceux qui sautèrent, plusieurs moururent noyés, mais la plupart de ceux qui demeurèrent sur le vaisseau périrent dans les flammes.

Ce qui restait du *Slocum* coula. Le bilan officiel des morts fut de 1021, mais ce chiffre pourrait être plus important, car on ne put jamais établir exactement combien de personnes étaient montées à bord.

Une catastrophe d'une telle ampleur suscita bien sûr une enquête. Le capitaine van Schaick, qui avait survécu aux flammes, joua un rôle clé lors des investigations. Quand la commission d'enquête rendit son verdict, il fut trouvé responsable, au moins en partie, de la catastrophe. Le capitaine subit un procès et reçut une peine d'emprisonnement après avoir été reconnu coupable d'homicide involontaire. Le chagrin des New-Yorkais fut tel que la ville érigea une plaque pour commémorer le naufrage du *General Slocum*.

Ci-dessus : *Des passagers horrifiés sautent du* General Slocum *enflammé.*

LE *PRINZESSIN VICTORIA LUISE*, DANS LA MER DES ANTILLES
LE 16 DÉCEMBRE 1906

Le *Prinzessin Victoria Luise* avait été construit pour la Hamburg American Line et il était équipé pour recevoir 200 passagers nantis et prêts à payer cher pour une croisière de luxe en Méditerranée. Le navire fut toutefois réaffecté au parcours Hambourg-New York quand ses propriétaires n'eurent plus assez de navires pour répondre à la forte progression du transport transatlantique.

Le *Prinzessin Victoria Luise* n'avait accompli que six traversées allers et retours de l'Atlantique quand la catastrophe survint. Le 12 décembre 1906 il avait retrouvé ses fonctions de bateau de croisière de luxe et il appareillait de New York à destination de la Jamaïque. Le voyage d'aller se passa sans incident. Au retour, le capitaine Brunswig, qui naviguait sans l'aide d'un pilote, avait tracé lui-même le parcours que le navire suivrait le long de la côte jamaïcaine au soir du 16 décembre.

Ce soir-là, le *Prinzessin Victoria Luise* échoua sur un récif non loin du phare voisin de Port Royal. Les passagers furent pris de panique, s'attendant que le navire coule sur-le-champ, mais les membres de l'équipage purent les rassurer et les emmener jusque sur la côte sans encombre. Cependant le paquebot était pris, et quand une tempête se leva le lendemain, il commença à se désagréger. Le capitaine, qui était conscient du fait qu'il aurait dû s'adjoindre un pilote plutôt que de naviguer seul, s'enferma dans sa cabine, prit un revolver et se tira une balle dans la tête. Il fut seul à mourir dans cette catastrophe.

Ci-dessus : Le paquebot de luxe Prinzessin Victoria Luise *bloqué près du phare de Plumb Point, à Kingston, en Jamaïque. Le navire s'échoua le 16 décembre 1906 et se désintégra à la suite d'une tempête.*

LE *DAKOTA*, DANS L'OCÉAN PACIFIQUE

LE 7 MARS 1907

Le *Dakota* faisait la fierté de la US Great Northern Steam Ship Company. Pesant 20 700 tonnes brutes, il mesurait 191 m et pouvait accueillir 2700 passagers. En 1905, à l'époque où il fut commandé, le *Dakota* était le plus gros paquebot jamais construit aux États-Unis. Ce record allait tenir jusque dans les années 20. La carrière du navire, toutefois, était destinée à être brève.

Le *Dakota* et le *Minnesota*, son petit frère, étaient les fruits des visées du propriétaire de la Great North Railroad, James Hill. Celui-ci avait remarqué une brèche dans les parcours entre les États-Unis et l'Extrême-Orient. Il avait fait construire le *Dakota* et le *Minnesota* pour transporter vers et depuis l'Extrême-Orient les passagers et les marchandises qui voyageaient sur son chemin de fer. Pour satisfaire les goûts de ses passagers orientaux, Hill avait aménagé des fumeries d'opium sur chacun de ses navires.

La fin du *Dakota* survint le 7 mars 1907. Le navire naviguait depuis le nord-ouest du Pacifique et se rendait au Japon, mais il ne compléta jamais ce voyage. À quelque 65 km au large de Yokohama, principal port de la baie de Tokyo et premier port japonais à être ouvert aux Occidentaux au cours du XIXᵉ siècle, le *Dakota* heurta un récif immergé. Le navire était pris, mais les passagers et l'équipage purent l'évacuer sans problème. Le 23 mars, une tempête vint mettre fin à tout espoir de sauver le vaisseau, qui se désintégra pour être vendu plus tard à un chantier de ferraille.

Accablé de remords ou victime d'un choc nerveux, le capitaine du *Dakota* abandonna sa carrière en mer et s'embaucha comme gardien dans un chantier naval de San Francisco.

À droite : L'une des dernières photos du Dakota, *prise alors qu'il sombrait à 65 km au large de Yokohama.*

LE *MORRO CASTLE*, DANS L'OCÉAN ATLANTIQUE

LE 8 SEPTEMBRE 1934

'histoire du *Morro Castle* est un exemple classique de la façon dont l'incompétence et la négligence peuvent entraîner d'inutiles pertes de vies. Lorsqu'un incendie se déclara à bord, le navire ne se trouvait qu'à 10 km de la côte. Toutefois, la confusion qui s'ensuivit causa la mort de 137 personnes.

Le *Morro Castle*, destiné au transport de passagers entre New York et La Havane, entreprit son voyage d'inauguration le 23 août 1930, à New York. Quelque quatre années plus tard, le navire arrivait au terme d'un voyage de retour avec 316 passagers et 231 membres d'équipage à bord.

Il semble que le capitaine du *Morro Castle*, un certain Robert Wilmott, ait été doté d'un tempérament paranoïaque. Convaincu que quelqu'un lui voulait du mal, il s'isolait, demeurant soit sur la passerelle, soit dans sa cabine.

Or ce nommé Wilmott ne revint pas vivant à New York. Il mourut apparemment d'une crise cardiaque dans la nuit du 7 septembre et fut remplacé par l'officier en chef William Warms. La mer était très agitée et de forts vents sévissaient quand Warms prit les commandes du navire. Vers 2 h, le matin du 8 septembre, un passager rapporta un incendie dans une salle de lecture. Il appela un steward, qui tenta

À gauche :
Quand le capitaine remplaçant donna l'ordre d'évacuer le navire, plusieurs membres d'équipage montèrent les premiers à bord des canots de sauvetage.

Ci-dessus : Le
Morro Castle, *qui
fume encore,
s'échoua en face
du Centre des
congrès d'Ashbury
Park, dans le New
Jersey.*

À droite : Un
*membre de la
garde côtière
revient de l'épave
calcinée du*
Morro Castle,
*transportant
le corps d'un
enfant trouvé
mort à bord.*

d'éteindre le feu mais négligea d'alerter la passerelle de commandement. Environ 60 min passèrent avant que Warms fût mis au courant de l'incendie, qui avait eu le temps de se propager. Pour aggraver les choses, le navire n'était pas équipé du nombre réglementaire de lances d'incendie, et celles qui étaient disponibles durent être traînées sur d'assez longues distances jusqu'aux foyers d'incendie. Pour comble, plusieurs sorties d'eau avaient été bouchées, ce qui les rendait inutilisables.

Aucune opération d'évacuation n'ayant été répétée durant le voyage, ni les passagers ni les membres d'équipage ne surent quoi faire quant survint cette situation d'urgence. Warms, pour sa part, manquait d'expérience et ne sut pas prendre assez rapidement les mesures qui s'imposaient. Il attendit avant de lancer un signal de détresse, bien que la situation fût hors de contrôle. Puis, une fois envoyés, les signaux furent interrompus par une explosion qui détruisit la génératrice.

Lorsque l'évacuation se mit enfin en branle, l'équipage se comporta mal. Le premier canot de sauvetage à être mis à la mer contenait 92 membres d'équipage et seulement 6 passagers. Enfin, quelques navires ayant reçu les signaux du *Morro Castle* se précipitèrent à son secours. Ils parvinrent à secourir bon nombre de passagers, mais 137 moururent.

La commission d'enquête qui suivit cette catastrophe en attribua la responsabilité aux propriétaires du navire ainsi qu'à son équipage. Warms fut reconnu coupable de négligence et fut condamné à une peine de deux ans de prison. L'ingénieur en chef, qui avait été l'un des premiers à sauter dans un canot de sauvetage, écopa de cinq années de prison, tandis que le vice-président de la compagnie dut payer une amende. Les passagers, eux, furent dédommagés.

LE *HERAKLION*, DANS LA MER ÉGÉE

LE 8 DÉCEMBRE 1966

Ci-dessus : Le traversier grec Heraklion, *dont le naufrage entre la Crète et le Pirée fit plus de 200 morts.*

Le traversier grec *Heraklion* sombra dans une mer déchaînée au cours d'un voyage entre la Crète et le Pirée. Un navire arriva à son secours en moins de 30 min, mais le traversier avait déjà coulé. Il y avait bien quelques débris et de grandes quantités de fruits flottant sur la mer agitée, mais le *Heraklion* n'y était plus. Plus tard, 47 passagers et membres d'équipage furent retrouvés sur l'île de Falconcra, mais 231 personnes avaient disparu. Que s'était-il donc passé ?

Le *Heraklion*, un navire de 8922 tonnes brutes, avait d'abord été nommé *Leicestershire*. Il avait assuré sous ce nom des liaisons entre l'Angleterre et la Birmanie. En 1964, le bateau avait été vendu à la compagnie de navigation grecque Typaldos Lines, qui le destina à un parcours entre le Pirée et la Crète. Le 7 décembre 1966, le temps sur la mer Égée était à la tempête. Le *Heraklion* appareilla néanmoins de la Crète. Le ballottement violent auquel le navire était soumis provoqua des problèmes sur le pont des voitures, où des chaînes retenant les véhicules commencèrent à se relâcher. Une remorque alla s'écraser dans l'une des portes du traversier, qui s'ouvrit, laissant entrer les eaux déchaînées du dehors. Le *Heraklion* fut vite inondé. Il lança un signal de détresse à 2 h le 8 décembre, ce qui alerta des avions, des bateaux des forces armées grecques ainsi que deux navires de guerre britanniques. Mais il était déjà trop tard.

L'enquête blâma sévèrement la Typaldos Lines, en invoquant qu'elle n'avait pas procédé à des exercices d'évacuation, que le signal SOS n'avait pas été envoyé assez vite et que les officiers à bord avaient manqué à leur devoir. Des hauts responsables de la compagnie reçurent des peines d'emprisonnement.

LE *TORREY CANYON,* DANS LA MANCHE
LE 18 MARS 1967

À droite : Le pétrolier géant Torrey Canyon cassé en deux, après s'être échoué sur les rochers Seven Stones.

Le naufrage du pétrolier géant *Torrey Canyon* sur le rocher Pollard, à l'ouest des rochers Seven Stones au large des côtes anglaises, entraîna une révision radicale des dangers de déversement de pétrole en mer et des façons de les traiter. **Les gouvernements et les organismes de lutte contre la pollution n'avaient jamais traité une catastrophe environnementale d'une telle ampleur.**

Le pétrolier de 118 285 tonnes *Torrey Canyon* naviguait depuis le golfe Persique vers Milford Haven, dans le sud du pays de Galles. Le bateau, aux couleurs du Liberia, était sous le commandement du capitaine Rugiati, un homme d'expérience. Le navire appartenait à la Barracuda Tanker Company, basée aux Bermudes, mais il avait été affrété, pour ce voyage fatidique, par la British Petroleum. Les autorités portuaires de Milford Haven firent un peu pression sur le capitaine quand ils lui annoncèrent qu'il devrait arriver à temps pour la marée du soir, le 18 mars, sans quoi il allait devoir attendre jusqu'au 24 du même mois.

À 6 h 30, l'un des officiers présents sur la passerelle du navire nota un écho radar à tribord, alors qu'il s'attendait à recevoir à bâbord un écho des îles Scilly. Il ordonna un changement de cap pour que le navire passe à l'ouest de l'écho radar, mais le capitaine intervint pour replacer le pétrolier sur son cap initial en plus d'activer le pilote automatique du navire, ce qui était inhabituel. Un bateau-phare qui pressentit le danger tira une salve d'avertissement à 9 h 15, mais en vain. Quand Rugiati ordonna la marche arrière, le navire était déjà enlisé. Le bruit du métal grinçant contre la roche confirmait d'ailleurs que la coque du bateau se déchirait.

Durant les jours qui suivirent, toutes sortes de moyens furent mis en œuvre pour libérer le *Torrey Canyon* qui était toujours prisonnier du rocher Pollard. Mais rien n'y fit, et lorsqu'une explosion fit un mort parmi les membres de l'équipage, le navire fut abandonné. Quand le temps se détériora et que, le 27 mars, l'arrière du pétrolier se cassa, le liquide se mit à couler abondamment. Des photos aériennes montrèrent une nappe de pétrole longue d'une soixantaine de kilomètres et faisant jusqu'à 24 km en largeur. Le pétrole recouvrit les plages du sud-ouest de l'Angleterre, de la Bretagne et de la Manche ; le tourisme périclita et des milliers d'oiseaux marins moururent. L'industrie des pêches fut, elle aussi, sérieusement touchée.

On essaya d'attaquer la nappe avec du détergent et de la contenir au moyen de barrages. La Royal Air Force bombarda ensuite le *Torrey Canyon* en espérant mettre le feu au pétrole qui était encore dans les cales du navire, mais aucune de ces mesures ne réussit vraiment, à part la première mission de bombardement qui enflamma une partie du pétrole. La commission d'enquête libérienne qui suivit conclut que le capitaine Rugiati était le seul responsable de cette catastrophe. Elle recommanda que son permis fût révoqué en raison de sa négligence et de la gravité de l'accident.

À gauche : *Un hélicoptère abaisse un grand compresseur sur le pont du Torrey Canyon, tandis qu'une équipe de secours travaille désespérément à remettre le pétrolier à flot avant la prochaine marée.*

Ci-dessous : *Après que l'équipage du Torrey Canyon eut évacué le navire, la RAF mit feu au pétrole qui restait dans les cales. Le combustible brûla pendant 2 h, ce qui engendra de denses nuages de fumée noire.*

L'*EXXON VALDEZ*, DANS LE DÉTROIT DE PRINCE-WILLIAM

LE 24 MARS 1989

Ci-dessous : Un remorqueur toue l'Exxon Valdez endommagé le long des glaces flottantes, dans le détroit de Prince-William.

L'Alaska est l'une des plus grandes régions sauvages de la terre, et elle est aussi très riche en pétrole. Le coût environnemental d'un déversement dans cette région s'avéra très lourd lorsque l'*Exxon Valdez*, un super-pétrolier de 211 469 tonnes, s'échoua sur le récif Bligh au cours d'un voyage entre le terminus de Valdez vers les eaux ouvertes de l'Alaska en passant par le détroit de Prince-William.

L'*Exxon Valdez* était sous le commandement du capitaine Hazelwood, qui comptait sur 20 membres d'équipage. Hazelwood avait 20 ans d'expérience comme marin et il avait fait plusieurs fois le trajet. Comme d'habitude, il prit à bord un pilote, Ed Murphy, avant de quitter Valdez, à 21 h le 24 mars. Le rôle du pilote consistait à guider le pétrolier à travers des passages étroits de Valdez et le long du bras de mer de

75

Valdez, sur une distance d'une trentaine de kilomètres. Quand il eut accompli ce travail, un peu avant 23 h 30, le pilote fut déposé à Rocky Point.

Un peu plus tard, le capitaine aperçut de petits icebergs et il obtint la permission de modifier légèrement sa route. Il remit ensuite les commandes de l'*Exxon Valdez* à son tiers maître, un dénommé Greg Cousins. Celui-ci avait le mandat de guider le navire le long d'un passage étroit entre l'île de Busby et le récif Bligh. Vers minuit, le timonier du navire termina son quart de garde et Cousins accepta d'être relevé à son

tour un peu plus tard. Le navire devait changer de cap à ce moment précis, mais plus tard les enquêteurs s'aperçurent que cet ordre ne fut pas exécuté avant au moins 1 min.

Deux minutes plus tard, Cousins, lorsqu'il vérifia son radar, se rendit compte que le changement de cap n'avait pas été exécuté et il ordonna un changement de l'angle du gouvernail du navire. Le timonier, croyant que le nouveau cap se situerait entre 235 et 245°, au lieu des 247° commandés par Cousins, interrompit trop tôt le changement d'angle. C'est à ce moment que Cousins

*À droite : Un autre pétrolier est en train de pomper du pétrole de l'*Exxon Valdez *dans le but de réduire au minimum la quantité de pétrole répandue.*

s'aperçut que le pétrolier était dangereusement proche du récif Bligh, et il appela le capitaine. Mais il était trop tard et l'*Exxon Valdez* heurta les rochers.

La coque du navire fut trouée et sa cargaison de pétrole commença à se répandre dans le détroit. Des estimations indiquent que plus de 50 millions de litres de pétrole s'échappèrent du navire, polluant la région dans un rayon de 800 km^2. L'épais pétrole brut reflua le long des côtes de l'Alaska sur une distance de 1300 km.

L'éloignement du lieu de déversement et la météo hivernale compliquèrent les opérations de nettoyage. De plus, l'un des principaux navires antipollution se trouva en panne pendant deux journées cruciales et un bâtiment du terminus aérien de Valdez fut endommagé par une tempête deux jours après le naufrage. Deux semaines après l'accident, seulement 20 % du pétrole répandu avait été récupéré ou contenu au moyen de barrages. La nappe s'étendait maintenant jusqu'à 115 km du pétrolier. Environ 30 000 oiseaux de mer ainsi qu'un grand nombre de mammifères ont été tués par la pollution.

Le capitaine Hazelwood fut acquitté aux États-Unis d'une accusation de négligence criminelle. La cour statua néanmoins que l'accident n'aurait probablement pas eu lieu s'il était resté sur la passerelle de commandement du navire. C'est la compagnie Exxon elle-même qui fut tenue pour responsable de la catastrophe et qui dut payer la note des opérations de nettoyage.

LE *HERALD OF FREE ENTERPRISE*, À ZEEBRUGGE

LE 6 MARS 1987

Même avant l'ouverture du tunnel sous la Manche, le marché des traversées de la Manche était très compétitif. La compagnie Townsend Thoresen avait repris le groupe P&O, en avril 1987, acquérant du même coup un certain nombre de traversiers RO-RO (*roll-on, roll-off*), dont le *Herald of Free Enterprise*, un navire de 7591 tonnes.

Les traversiers RO-RO, qui transportent sur la Manche des autocars, des poids lourds et des voitures, sont équipés de portes massives à la poupe et à la proue, ce qui permet d'accélérer les processus du chargement et du déchargement. Le *Herald of Free Enterprise*, qui traversait d'habitude entre Dover et Calais, avait été transféré au parcours de Zeebrugge au début de mars. Le 6 mars, le *Herald* partit de Dover à 11 h 30 et la traversée se passa sans incident. À Zeebrugge, l'escale devait durer 2 h, le temps d'embarquer les passagers et les véhicules. Mais le *Herald*, qui devait lever l'ancre pour le voyage du retour à 17 h 30, fut retardé en raison du nombre inhabituel de passagers voulant profiter d'une traversée bon marché offerte dans une promotion.

L'espace est restreint dans le port de Zeebrugge et les traversiers doivent manœuvrer avec prudence pour atteindre les eaux ouvertes. Le *Herald* devait d'abord faire marche arrière le long d'un quai, puis se diriger la

À gauche :
Lorsque le traversier Herald of Free Enterprise *chavira juste à l'extérieur du port de Zeebrugge, plusieurs passagers furent retenus prisonniers et se noyèrent.*

À gauche :
D'immenses grues, sur des péniches, redressent le Herald of Free Enterprise *avant qu'il ne soit remorqué.*

proue en avant vers les eaux de la Manche. C'est au cours de cette deuxième manœuvre que la catastrophe survint. La porte principale de la proue, par où entraient les voitures, avait été laissée ouverte. Des tonnes d'eau s'engouffrèrent dans l'ouverture et inondèrent le pont des voitures. Comme le navire tanguait, l'eau se mit à rouler aussi d'un côté à l'autre, générant des forces latérales qui firent chavirer le navire sur son côté gauche. Le traversier s'échoua sur un banc de sable tout près du côté extérieur de la digue du port.

À l'intérieur du navire, c'était le chaos. Les passagers des ponts inférieurs, pris de panique, se débattaient pour échapper à la noyade, et comme l'eau continuait à inonder le navire, les lumières s'éteignirent. Les services d'urgence belges arrivèrent rapidement sur les lieux et, en très peu de temps, ramenèrent 408 personnes sur la terre ferme en plus de 50 corps. Il y eut près de 200 morts. Le *Herald* fut plus tard redressé par une compagnie de sauvetage hollandaise, la Smit International, avant d'être envoyé à la ferraille en Extrême-Orient.

La commission d'enquête qui suivit blâma exclusivement la Townsend Thoresen. Elle nota que plusieurs capitaines de la compagnie avaient exprimé leur inquiétude au sujet des règles de fermeture des portes. Les traversiers durent par la suite être équipés de lumières indiquant que les portes étaient ouvertes ou fermées.

À gauche :
Un homme-grenouille dans un canot pneumatique examine la porte ouverte du traversier qui a chaviré. Des filets ont été posés pour empêcher la cargaison de tomber à l'eau.

LE *SEA EMPRESS*, AU LARGE DES CÔTES DU PAYS DE GALLES

LE 15 FÉVRIER 1996

L a côte du Pembrokeshire, dans le sud du pays de Galles, est sans doute l'une des plus spectaculaires des îles Britanniques. Elle abrite une large population de phoques gris et des milliers d'oiseaux de mer, dont le tadorne, le canard siffleur, le courlis, la sarcelle et la gambette. Mais toute cette faune allait être sérieusement menacée le soir du 15 février 1996.

Ce soir-là, vers 20 h, le *Sea Empress*, un pétrolier de 147 000 tonnes, s'approchait de l'estuaire de Milford Haven, le long de la côte sud du pays de Galles, chargé de 128 000 tonnes de pétrole brut provenant de la mer du Nord. Ce pétrolier immatriculé au Liberia, qui avait un équipage russe de 28 hommes, se dirigeait vers la raffinerie de pétrole Texaco située un peu plus loin dans l'estuaire. Le navire mesurait 400 m, et un pilote en était à négocier l'entrée de l'estuaire quand le navire heurta des rochers submergés et s'échoua. La coque fut percée, et le pétrole commença à se répandre dans la mer.

Des remorqueurs de secours et des navires anti-pollution se précipitèrent sur les lieux et remirent le

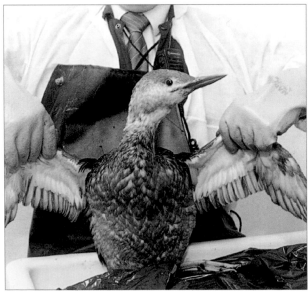

Ci-dessus : Un ornithologiste tient un oiseau réchappé suite au déversement du Sea Empress.

Ci-dessus : Le pétrolier géant Sea Empress s'échoua sur des rochers immergés non loin du cap de Ann's Head, le 15 février. Malgré de nombreuses tentatives, le pétrolier ne fut finalement remorqué jusqu'à Milford Haven que six jours plus tard. Entre-temps, 70 000 tonnes de pétrole s'étaient écoulées du navire.

pétrolier à flot en moins de 2 h. Toutefois, un fort vent se levait et le pétrole continuait à s'échapper de la coque du navire. L'équipage du pétrolier était demeuré à bord du bateau et entreprit de pomper le pétrole des réservoirs endommagés vers ceux qui étaient encore intacts.

Mais les conditions météorologiques s'aggravèrent et, le samedi soir, les forts vents qui soufflaient brisèrent les lignes tendues entre le pétrolier et les remorqueurs, de sorte que le *Sea Empress* s'échoua une deuxième fois. Comme on craignait que les vapeurs du pétrole ne s'enflamment, des hélicoptères de la RAF vinrent chercher l'équipage du pétrolier. Les vents gênèrent encore les opérations pendant les jours qui suivirent, tandis que le pétrole continuait de se répandre jusque sur les côtes du Pembrokeshire, recouvrant des plages et des rochers d'une boue noirâtre qui menaçait la faune. Les nappes de pétrole se déplaçaient à l'ouest aussi, vers les réserves d'oiseaux des îles Skomer et Skokholm.

Une opération de nettoyage massive fut lancée. Des experts en dépollution vaporisèrent depuis les airs des produits chimiques sur une nappe de 20 km. En tout, 70 000 tonnes de pétrole s'étaient écoulées.

Après plusieurs tentatives infructueuses, le *Sea Empress* fut remorqué jusqu'à Milford Haven le 21 février, six jours après l'accident. Six semaines plus tard, il fut remorqué jusqu'à Belfast pour y être réparé.

Ci-dessus : Des remorqueurs combattent de très forts vents pour essayer de libérer le pétrolier des rochers sur lesquels il s'est échoué.

À gauche : Un avion Dakota vaporise des produits chimiques au-dessus de la nappe de pétrole pour la séparer, tandis qu'un hélicoptère survole le pétrolier avant d'abaisser dessus des pompes qui permettront de transférer le pétrole dans des réservoirs intacts.

CONDITIONS MÉTÉOROLOGIQUES ET DÉFAUTS MÉCANIQUES

En mer, il arrive souvent que les navires doivent affronter des phénomènes naturels très violents, comme des vents cycloniques, des vagues géantes et des tempêtes tropicales. Les forces déchaînées des océans peuvent mettre à sac même le plus gros et le plus solide des navires. Les roulis de la haute mer ont souvent des conséquences terribles pour un navire s'ils déséquilibrent sa cargaison. Un mouvement des marchandises dans les cales fait parfois chavirer un navire.

Les catastrophes qui surviennent par mauvais temps compliquent beaucoup les opérations de sauvetage. Les passagers sont plus susceptibles de paniquer et il est plus ardu de mettre les canots de sauvetage à la mer. Il arrive aussi que des passagers et même des canots disparaissent complètement, perdus dans la brume ou emportés par une vague géante.

Il n'est pas rare par ailleurs que les navires soient l'objet de pannes ou de défauts mécaniques, dont certains sont si sérieux qu'ils peuvent faire couler un vaisseau. Même un entretien fréquent et une constante surveillance ne peuvent protéger un navire contre une panne.

*À **droite** : Le paquebot allemand Hanseatic qui lève l'ancre de Southampton. Ce grand navire allait être détruit dans le port de New York à la suite d'un incendie épouvantable provoqué par un défaut sur une pièce en apparence anodine.*

LE *PRINCIPESSA MAFALDA*, DANS L'OCÉAN ATLANTIQUE

LE 25 OCTOBRE 1927

À droite : Tandis que le Principessa Mafalda, *troué,* s'affaisse dans l'eau, les passagers et les membres d'équipage tentent de s'échapper dans les canots de sauvetage qui ont été mis à la mer. Malgré cela, plus de 300 personnes périrent quand le navire sombra.

Le *Principessa Mafalda*, un paquebot de luxe, avait été construit en 1909 et il pouvait transporter 1700 personnes (en deux classes) en plus de 300 membres d'équipage à une vitesse maximale de 16 nœuds. À partir de Naples et de Gênes, le paquebot servait les parcours lucratifs vers l'Amérique du Sud, en particulier vers Buenos Aires. Le navire appartenait à la compagnie de navigation Lloyd Italiano jusqu'à ce que celle-ci soit achetée, en juin 1918, par la Navigazione Generale Italiana.

Le dernier voyage du *Principessa Mafalda* devait l'amener à Rio de Janeiro, mais il n'atteignit jamais cette destination. Lorsqu'il partit du Cap-Vert, le 8 octobre, pour la dernière partie de son parcours, le *Mafalda* comptait 288 membres d'équipage et 971 passagers. La catastrophe survint le matin du 25 octobre, alors que le navire se trouvait près de l'île d'Abrolhos, au large de la côte brésilienne. L'arbre de l'hélice gauche du navire se brisa avec fracas. Il y eut des dommages considérables autour de l'hélice et la coque fut percée. L'eau inonda la salle des machines et remplit rapidement les chaudières. Une accumulation de vapeur s'ensuivit et provoqua une explosion qui mit les chaudières en pièces.

Le capitaine appela immédiatement à l'aide, mais le *Mafalda* s'affaissait déjà dans l'eau et gîtait sérieusement du côté gauche. Sept navires reçurent le signal de détresse et se précipitèrent au secours du paquebot endommagé. Mais le *Principessa Mafalda*, après l'explosion, ne resta même pas 4 h au-dessus des flots avant de sombrer, emportant avec lui plus de 300 passagers et membres d'équipage.

LE *VESTRIS*, DANS L'ATLANTIQUE

LE 12 NOVEMBRE 1928

Le *Vestris*, qui était voué au malheur, avait été construit pour la compagnie Lamport and Holt de Liverpool, qui inaugura le navire en 1912. Quand ils le mirent à flot pour la première fois, les propriétaires de la compagnie ne se doutaient pas que, 16 ans plus tard, le naufrage du *Vestris* les amènerait à se retirer du lucratif marché des traversées vers New York. Le navire, qui pesait 10 494 tonnes brutes, pouvait transporter 610 passagers, dont 280 en première classe, à une vitesse maximale de 15 nœuds.

Lorsqu'il entra en service, le *Vestris* fit la route entre New York et La Plata, en Amérique du Sud. Il fut nolisé ensuite par la Cunard Line et plus tard par la Royal Mail Lines avant d'être retourné, en 1922, à la Lamport and Holt. Le 10 novembre 1928, le capitaine Carey guida le navire en dehors du port de New York avant de se diriger vers Buenos Aires. Il y avait à bord 197 membres d'équipage et 129 passagers.

Les conditions météorologiques s'étant aggravées, le *Vestris* se trouva bientôt sur une mer démontée et il commença à donner gîter. Des marchandises dans les cales et du charbon dans les coffres se mirent à bouger. La gîte du navire s'accrut, et le capitaine décida de lancer un signal de détresse. Il fit aussi évacuer les passagers et une bonne partie de l'équipage.

Mais avant que tout le monde ne soit à l'abri, le navire chavira et sombra, emportant 68 passagers et plus de 40 membres d'équipage. L'arrivée rapide des secours, dont faisaient partie le cuirassé *USS Wyoming* et le *Berlin*, un navire appartenant à la North German Lloyd Line, évita sans doute que les pertes de vies ne soient plus importantes.

À droite : *Une photo prise à bord du* Vestris *quelques minutes avant son naufrage, qui fit une centaine de morts.*

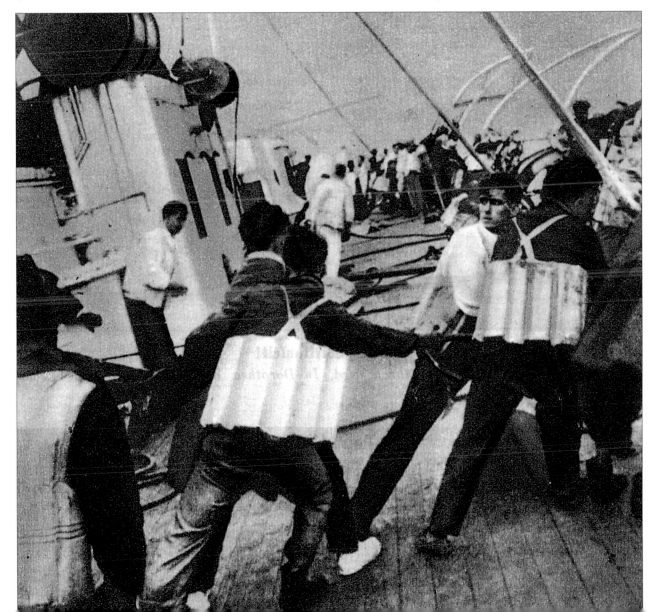

LE *PAMIR*, DANS L'ATLANTIQUE

LE 21 SEPTEMBRE 1957

L'annonce par les médias ouest-allemands du naufrage du *Pamir* suscita une très grande tristesse. Le *Pamir*, un voilier de 3103 tonnes, se trouvait au milieu de l'océan Atlantique quand cette catastrophe survint. Parti de Buenos Aires à destination de Hambourg, 86 membres d'équipage, dont 53 jeunes cadets de la marine qui s'initiaient à la voile.

Le *Pamir* avait été construit par la compagnie Blohm et Voss en 1905. Comme bateau à voiles, il devint fameux dans les premières années du XXe siècle à l'occasion des *grain races* qui partaient d'Australie.

Un capitaine finlandais, Gustav Erikson, acheta le *Pamir* au début des années 30, et il le revendit en 1951. En 1954, le navire fut pris en charge par la fondation Pamir-Passat. Bien qu'il conservât ses voiles, le *Pamir* disposait alors de moteurs à essence.

Au moment du naufrage, le *Pamir* servait de vaisseau de formation pour les cadets de la marine allemande. Il se trouvait à près de 1000 km au sud-ouest des Açores quand il fit face à un ouragan. Le dernier message envoyé par l'équipage du navire indiquait que ses voiles étaient en lambeaux, que le mât de misaine était cassé et que le bateau gîtait dans un angle de 45°. Des 86 marins à bord, seuls 6 survécurent.

Ci-dessus : Karl Otto Dummer, l'un des six survivants du Pamir, *est accueilli par des membres de sa famille lorsqu'il arrive sain et sauf à Francfort.*

À gauche : Le grand voilier à quatre mâts Pamir.

LE *HANSEATIC*, À NEW YORK
LE 7 SEPTEMBRE 1966

Le naufrage du *Hanseatic* montre bien que les catastrophes maritimes ne surviennent pas seulement en haute mer. Ce navire reposait paisiblement à l'ancre dans le port de New York quand le mauvais fonctionnement d'une pièce anodine dans la chambre des machines provoqua un incendie qui ravagea rapidement le vaisseau tout entier. Le feu signa l'arrêt de mort de ce vaisseau de 30 000 tonnes qui avait survécu à la Deuxième Guerre mondiale en tant que transporteur de troupes.

Le *Hanseatic* s'était d'abord appelé *Empress of Japan* et il avait navigué entre Vancouver et Yokohama. La guerre fit changer le nom du bateau, qui était devenu inadéquat en 1942, et il devint l'*Empress of Scotland*. Le paquebot fut remis en service dans le civil en 1948 et il fut acheté en 1958 par la Hamburg-Atlantic Line, qui lui donna le nom de *Hanseatic*. Il naviga surtout alors entre

l'Allemagne et New York, mais il servit aussi, durant l'hiver, de bateau de croisière. Le paquebot s'apprêtait à appareiller pour une croisière quand il fut détruit. Il n'y avait que 3 des 425 passagers à bord au moment où l'incendie éclata, vers 7 h 30. Le feu se serait-il déclaré un peu plus tard, vers 11 h 30 au moment de lever l'ancre, que les pertes de vies auraient sans doute été considérables.

L'incendie, qui prit naissance dans la salle des machines, avait été causé soit par le bris d'un joint d'étanchéité, soit par un conduit d'essence défectueux. Les flammes se propagèrent très rapidement, atteignant d'autres salles de machines ainsi que les ponts des passagers, en passant par des bouches d'aération. L'incendie fut enfin maîtrisé, mais les dommages étaient tels qu'il aurait été trop coûteux de réparer le navire. Le *Hanseatic* fut remorqué jusqu'à Hambourg pour être vendu à une cour de ferraille en décembre 1966.

Ci-dessus : Le Hanseatic *en feu dans le port de New York. Les 500 membres d'équipage et les 3 passagers qui se trouvaient à bord furent tous évacués à temps.*

LE *WAHINE*, EN NOUVELLE-ZÉLANDE

LE 11 AVRIL 1968

Le naufrage d'un navire a des répercussions tragiques pour les passagers, l'équipage, le bateau lui-même et aussi pour ses propriétaires. La perte, en avril 1968, du *Wahine*, un navire de 8949 tonnes brutes, causa la mort de 50 personnes. L'accident détruisit et il déclencha une série d'événements qui provoquèrent la faillite de la compagnie néo-zélandaise Union Steamship. La réputation de cette compagnie respectable, fondée en 1875, fut ruinée.

Le *Wahine*, qui pouvait transporter plus de 900 passagers, était un navire très utilisé. Construit à Glaskow en 1966 par la Fairfield Limited, le navire avait été affecté au transport des voitures et des passagers entre Wellington, dans le nord de la Nouvelle-Zélande, et Lyttelton, dans le sud de l'île. Le traversier effectuait six traversées nocturnes entre ces deux ports chaque semaine. À noter que les mers, autour de la Nouvelle-Zélande, sont sujettes à des tempêtes féroces.

Le 11 avril, le *Wahine* se rendait à Wellington au cœur d'une tempête pendant laquelle les vents soufflaient jusqu'à 190 km/h. La visibilité était nulle. Le capitaine et son homme de barre luttaient pour maintenir le cap du navire, mais celui-ci devenait de plus en plus difficile à contrôler. Peu après 6 h 30, le *Wahine* fut projeté contre les rochers aiguisés de Barretts Reef, non loin de l'entrée du port de Wellington. Le navire, d'une façon ou d'une autre, parvint à se dégager du récif, mais le mal avait déjà été fait : la coque était percée et l'hélice de tribord avait été arrachée.

Ci-dessous :
Le Wahine *dans l'après-midi du 11 avril. Le navire endommagé donne de la gîte à tribord, tandis que les premiers canots de sauvetage sont mis à la mer.*

Des rapports venant de la salle des machines indiquaient que l'eau avait pénétré le navire. S'il ne trouvait pas vite un point d'ancrage sûr, le *Wahine* allait sans aucun doute couler. Cependant, tandis qu'il cherchait des eaux plus sûres, le *Wahine* heurta à nouveau des récifs à l'entrée du canal Chaffers Passage. À partir de ce moment-là, le navire ne pouvait plus être sauvé. L'eau s'engouffra par la coque déchirée et le *Wahine* donna de la bande à tribord.

À 13 h 30, le capitaine donna l'ordre qu'on abandonne le navire. Comme l'inclinaison avait rendu les canots de sauvetage du côté gauche inutilisables, tous les passagers et membres de l'équipage (plus de 700 personnes) se pressèrent vers les canots du côté droit. Il y eut apparemment un mouvement de panique au début, qui cessa quand il y eut une accalmie dans la tempête. Malgré une mer encore assez agitée, l'évacuation du *Wahine* se déroula, dans l'ensemble, d'une manière ordonnée. Malheureusement, il y eut tout de même 50 morts.

Le *Wahine* chavira finalement sur son côté droit et fut presque complètement ruiné. Comme il en aurait coûté beaucoup trop cher de le réparer, il fut redressé, remis à flot et envoyé à la ferraille.

La Union Steamship Company finit par remplacer le *Wahine* en 1972, mais elle ne sut pas tenir compte de la défaveur du public qu'avait entraînée l'accident. Les Néo-Zélandais se tournèrent vers d'autres moyens de transport pour voyager entre Wellington et Lyttelton, et la Union Steamship ferma ses portes en 1974.

À gauche : Au lendemain de la catastrophe, le Wahine *renversé repose sur son côté droit dans le port de Wellington.*

À droite : Des survivants du naufrage débarquent sur la terre ferme. Plus de 50 personnes périrent lors de cette catastrophe.

LE *PATRA*, DANS LA MER ROUGE

LE 25 DÉCEMBRE 1976

Le *Patra*, un navire de 3920 tonnes initialement appelé le *Kronprins Frederik*, avait été mis en service en 1941. À cause de la Seconde Guerre mondiale, il dut attendre jusqu'en 1946 avant d'entreprendre son premier voyage commercial. Vaisseau rapide et bien conçu, le *Kronprins Frederik* avait assuré des liaisons entre l'Angleterre et le Danemark avant d'être acheté, en 1976, par la compagnie Arab Navigators qui lui donna le nouveau nom de *Patra*.

Ses nouveaux propriétaires mirent peu de temps à affecter le *Patra* à un service de traversier entre Jedda, en Arabie Saoudite, et Suez, en Égypte. Le navire pouvait transporter plus de 350 passagers. Son dernier voyage commença à Jedda le 25 décembre 1976. À bord, il y avait surtout des pèlerins musulmans qui s'en retournaient en Égypte après un pèlerinage à La Mecque. À 5 h et à 80 km de Jedda, alors que le navire se trouvait dans la mer Rouge, le capitaine Shaaban fut informé qu'un incendie s'était déclaré dans la salle des machines. À bord du navire, les flammes se propageaient rapidement. Shaaban ordonna l'évacuation et lança un SOS.

Le *Lenino*, un pétrolier soviétique, ainsi que d'autres navires se portèrent au secours du *Patra*. Ils parvinrent à sauver 201 passagers et membres d'équipage, mais il y eut 100 morts. Les enquêteurs conclurent que l'incendie avait été causé par une fuite d'essence dans l'un des moteurs.

Ci-dessous :

Le traversier danois Kronprins Frederik, *qui fut plus tard nommé le* Patra. *Le navire sombra à la suite d'un incendie en 1976.*

L'*AMOCO CADIZ*, DANS LA MANCHE

LE 16 MARS 1978

Le déversement de pétrole du *Torrey Canyon* survenu en mars 1976 était encore présent dans les mémoires lorsque, moins de deux ans plus tard, le mauvais sort frappa le pétrolier géant *Amoco Cadiz*, tandis qu'il cheminait, avec une cargaison pleine, entre le golfe Persique et Rotterdam. Le pétrolier de 288 513 tonnes naviguait aux couleurs du Liberia et il transportait environ 250 000 tonnes de pétrole brut. Il ne parvint jamais à destination.

L'*Amoco Cadiz* avait contourné le cap de Bonne-Espérance et remonté la côte africaine sans incident. Après avoir longé la côte ouest de la France, il se trouva sur le seuil d'une région très congestionnée. C'est là que prennent naissance les eaux de la Manche. La réglementation maritime touchant cette région obligeait déjà les navires faisant route vers le nord ou le sud à respecter des corridors. Ce plan de « séparation du trafic », comme on l'appelle, est destiné à empêcher les collisions.

Le matin du 16 mars, alors que l'*Amoco Cadiz* s'apprêtait à entrer dans la voie réservée au trafic se dirigeant vers le nord, le système de direction du navire subit une panne totale et son gouvernail resta bloqué à bâbord. Le commandant du pétrolier, le capitaine Bardari, réagit rapidement en stoppant les moteurs. Puis il hissa un pavillon indiquant qu'il n'avait plus la maîtrise de l'*Amoco Cadiz* et envoya un message radio pour prévenir d'autres navires des dangers potentiels.

Un remorqueur de secours allemand, le *Pacific*, reçut le message de détresse de l'*Amoco Cadiz* et accourut à son secours. Toutefois, le capitaine Bardari devait obtenir la permission d'un haut responsable de la compagnie pour laquelle il travaillait, à Chicago, avant d'accepter un remorquage. Or on était en plein milieu de

Ci-dessous :

L'épave du pétrolier géant Amoco Cadiz *sur des rochers, au large de la côte bretonne.*

À droite :
L'Amoco Cadiz se cassa en deux quelques jours après s'être échoué. On aperçoit ici le navire à moitié immergé dans une mer de son propre pétrole.

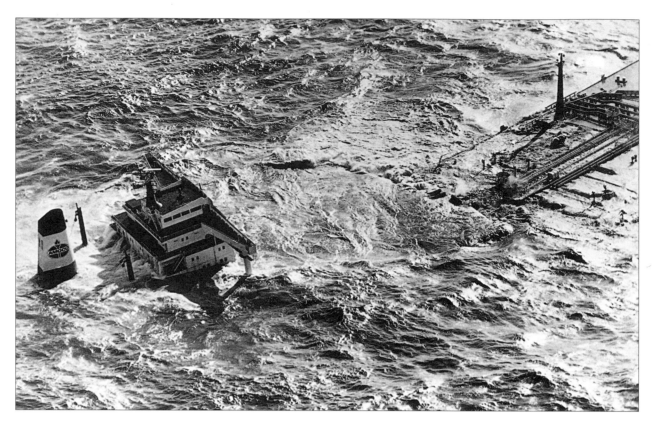

la nuit à Chicago et l'autorisation n'arriva qu'à 15 h 45. Puis, la première ligne de remorquage du *Pacific* se rompit et la deuxième ne suffit pas à stopper la dérive de l'*Amoco Cadiz*. Même ses propres ancres ne purent arrêter le navire. À 21 h, le pétrolier s'échoua sur les côtes de la Bretagne et s'immobilisa contre des rochers, la coque percée.

Le pétrole s'échappa de l'*Amoco Cadiz* pendant des mois. En dépit des efforts de divers organismes, les détergents et les barrages ne réussirent pas à endiguer le flot de pétrole. Au 19 mars, la nappe s'étendait sur 32 km. Les Français décidèrent de bombarder l'épave, qui avait été cassée en deux. Mais lorsque l'*Amoco Cadiz* disparut dans une tempête en mars 1979, il avait perdu 250 000 tonnes de pétrole. L'agitation naturelle de la mer en cet endroit contribua à la dispersion du pétrole, mais pas assez rapidement pour éviter que ne soient ravagées la faune, la flore et la côte de la Bretagne.

À droite : Les opérations de nettoyage commencent sur la plage du petit port de Portsall, en Bretagne. Il fallut plusieurs mois pour que la côte bretonne se remette de cette catastrophe.

L'*OCÉANOS*, DANS L'OCÉAN INDIEN
LE 4 AOÛT 1991

À gauche : Les derniers moments du paquebot grec Océanos, *alors qu'il coule dans des mers agitées au large des côtes de l'Afrique du Sud, le 4 août 1991.*

L'*Océanos*, un paquebot grec, connut une longue carrière au cours de laquelle il fut maintes fois rebaptisé. À l'origine, il s'était appelé le *Jean Laborde*. Il avait été construit en 1951 pour la compagnie de navigation française Messageries maritimes. Il avait servi à cette époque au transport des passagers et des marchandises entre la France et ses colonies africaines. Après avoir changé de mains plusieurs fois, le vaisseau fut acheté par la compagnie grecque Greek Epirotiki Lines au milieu de l'année 1976, et il fut rééquipé pour servir le marché des croisières, alors en pleine expansion. Au début, il navigua entre les îles grecques. L'*Océanos* pouvait accueillir 500 passagers dans des cabines luxueuses.

L'*Océanos* croisa son destin au cours d'une traversée entre Londres et Durban, en Afrique du Sud. Le 3 août 1991, alors que le navire affrontait de forts vents et une mer agitée, le capitaine apprit qu'il y avait eu une fuite dans la salle des machines. Le navire éprouva une perte de puissance subite et il devint clair qu'il commençait à chavirer. Le capitaine décida alors d'abandonner son navire et ses passagers, prétendument pour se rendre sur la terre ferme coordonner les efforts de secours. Incroyablement, c'est un groupe d'artistes de scène à bord du bateau qui supervisa le sauvetage. Compte tenu de ces circonstances, il est remarquable qu'il n'y ait pas eu de victimes. L'évacuation du paquebot, menée par plus d'une douzaine d'hélicoptères sud-africains, se déroula efficacement et sans heurt le 4 août. Les 580 occupants furent secourus, les derniers avec l'aide d'un porte-conteneur hollandais.

La perte de l'*Océanos* (il coula la proue en avant dans l'après-midi) et le comportement du capitaine furent difficiles à accepter pour les propriétaires grecs.

L'*ESTONIA*, DANS LA MER BALTIQUE

LE 28 SEPTEMBRE 1994

L'*Estonia* était un grand traversier destiné à la haute mer et qui servait sur la mer Baltique. Il atteignait les 21 nœuds et pouvait transporter 2000 passagers en offrant des couchettes à plus de la moitié d'entre eux. Construit en Allemagne au début des années 80, le navire s'était d'abord appelé *Viking Sally* et il avait effectué des liaisons pour la compagnie Sally Lines entre Stockholm, Marlehamm et Abo. Il connut deux propriétaires et porta deux autres noms au début des années 90, avant d'être acheté, en 1992, par Estonian Steamship Lines. Deux ans plus tard, l'*Estonia* fit les manchettes du monde entier lorsqu'il coula en emportant une quantité monstre de victimes. Il s'agissait de la pire catastrophe en haute mer touchant un traversier.

La compagnie Estonian Steamship Lines, une copropriété du gouvernement estonien et d'une entreprise suédoise, avait affecté l'*Estonia* à la liaison entre Tallin, capitale de l'Estonie, et Stockholm.

Le 27 septembre, le traversier appareilla de Tallin malgré les inquiétudes qu'avaient soulevées ses portes de proue. Une inspection menée un peu avant le départ avait révélé des anomalies sur les scellés, des pièces qui garantissent l'étanchéité des portes.

Ci-dessus :
*L'*Estonia *amarré à Stockholm, en Suède. Deux ans après avoir été acheté par l'Esonian Steamship Lines, le traversier coula dans la mer Baltique, emportant plus de 850 personnes.*

À gauche : Un hélicoptère de secours à la recherche de survivants s'attarde au-dessus d'un canot

Moins de 90 min après son départ, l'*Estonia* subit des conditions météorologiques adverses en mer Baltique. Vers minuit, un mécanicien qui s'adonnait à une inspection de routine s'aperçut que de l'eau jaillissait sur le pont des voitures par les portes avant du traversier. Les pompes du navire furent mises en marche et commencèrent à évacuer l'eau, mais elles ne purent plus bientôt rivaliser avec son débit, qui devenait très important. L'*Estonia* était sur le point d'être inondé.

À 1 h 24, l'*Estonia* envoya un signal de détresse. Le traversier, rempli d'eau, ballotté par de grands vents et une mer agitée, gîtait sérieusement. Les moteurs tombèrent en panne, et peu après 2 h, l'*Estonia* chavira et coula rapidement. Il y eut un mouvement de panique à bord tandis que les passagers luttaient pour s'échapper. Quelques-uns furent écrasés, sans doute sous le poids de gros meubles ou d'autres passagers qui se précipitaient au-dessus d'eux. Ceux qui parvinrent à atteindre les canots de sauvetage en sécurité furent très peu nombreux. Et la plupart de ceux qui échouèrent dans les eaux glacées de la mer Baltique se noyèrent ou succombèrent au froid.

Les navires de secours savaient que l'*Estonia* avait chaviré non loin de la côte de Turku et le premier arrivé sur les lieux fut là moins de 60 min après la réception du signal de détresse. Il faisait noir comme au fond d'un puits et la mer était puissante, mais les secouristes parvinrent à sauver quelques personnes, dont la plupart étaient des hommes, qui avaient eu assez d'énergie pour résister au froid et aux remous de la mer. Le nombre des morts se chiffra à plus de 850 ; on ne connaîtra jamais le chiffre exact.

Trois jours plus tard, l'épave de l'*Estonia* fut retrouvée et filmée. La porte avant avait été arrachée, probablement en raison de la violence de la tempête.

Un rapport conclut que le système de verrouillage de la porte avant du traversier était trop faible et que la violence de la tempête avait exercé sur la porte une pression telle qu'elle avait fini par s'ouvrir.

Ci-dessus : Sur la petite île d'Uto, dans la mer Baltique, des membres de la garde côtière finlandaise emportent sur la terre ferme le corps de l'une des victimes.

INDEX